何以江南

江南文化讲堂（第二辑）

上海博物馆
上海市社会科学界联合会 编

上海人民出版社

序 言

汤世芬

　　江南文化是中华优秀传统文化的重要组成部分，是上海文化之根，上海作为江南文化圈的核心代表之一，拥有极其深厚的江南文化底蕴。为积极响应长三角高质量一体化发展国家战略，贯彻落实市委、市委宣传部关于推进江南文化研究传播、打响上海文化品牌的要求精神，2019年初，上海博物馆加入了由上海市社会科学界联合会牵头组织的"江南文化研究联盟"。2020年5月起，上海博物馆与市社会科学界联合会借由人气爆棚的"春风千里：江南文化艺术展"共同推出了公益性文化品牌项目"江南文化讲堂"，每季（1季周期为1年）举办10期活动，努力把"江南文化讲堂"打造成为江南文化研究联盟的常设交流平台和培养江南文化研究宣传后续力量的成长平台。

　　"江南文化讲堂"正式开讲以来，来自社科和文博领域的专家共同探讨江南文化的重要价值，深度交流江南文化创新发展，从不同角度诠释了江南文化的内涵和外延，使市民加深了对江南文化的认识。"江南文化讲堂"深入发掘江南文化精神特质，广泛传播江南文化发展理念，在服务长三角高质量一体化发展国家战略和"上海文化"品牌建设上发挥了应有作用。"江南文化讲堂"经过第一季的努力，目前已经成为中共上海市委宣传部全力打响"上海文化"品牌重点项目，"江南文化讲堂"研究系列丛书《何以江南》（第一辑）也于2022年秋季正式出版发行。

"江南文化讲堂"（第二季）继续立足国家战略与上海城市发展需要，搭建好江南文化研究交流的平台，不断扩大"讲堂"专家团队的范围，积极传播江南文化创新发展理念，大力弘扬"海纳百川、追求卓越、开明睿智、大气谦和"的城市精神和"开放、创新、包容"的城市品格，努力为长三角高质量一体化发展提供更加强大的动力和智力支持，持续营造全社会关注江南文化的浓厚氛围，为每一位观众打造一个永不落幕的江南文化盛宴。

近代以来，上海就有"江海之通津、东南之都会"的美誉，引领中国开放风气之先。锦绣江南的土壤里是如何诞生出红色文化？上海作为党的诞生地，是什么样特有的文化土壤孕育了党的诞生，并从这里走向了全中国？讲堂第二季首讲邀请到了上海社科院研究员熊月之，中共一大会址纪念馆原馆长倪兴祥共话"锦绣江南与红色文化"。熊月之指出，江南地区是中国经济发达、文化昌盛、人文荟萃的地区，也是新思想、新文化、新风俗、新习惯的先行地区。近代以来，洋务思潮、维新思潮、革命思潮，都率先在这里滋生或传播，影响全国，红色文化便是在此基础上酝酿、发展起来的。倪兴祥指出我们在庆祝中国共产党成立一百周年的时候，绝对不能忘记老渔阳里、树德里和辅德里三栋普普通通的上海石库门房子在建党历史上所作的重要贡献，石库门孕育了中国共产党，见证了建党伟业，它是我们党的初心之一，是中国共产党人的精神家园，我们只有不忘初心、牢记使命、永远奋斗，才能在庆祝建党一百周年的时候，满怀信心地迎接更加辉煌的下个一百周年。

"江南运河贯千里，清波一脉通古今。"开凿于先秦的江南运河，以其沟通南北漕运的强大作用，孕育了沿岸各个城市的文化，成就了江南千年繁盛。中国到了明代以后商品经济很发达，而这个发达主要是以大运河作为载体，大运河是中国南北的经济走廊，同时也是中国南北的文化走廊。大运河沟通了南北，从杭州到北京，船运最快都要跑两个星期，也就构成了"慢文化"。上海市社联主席王战将这样一种慢文化界定为中国的一次文艺复兴："它带来的文化，甚至促成了文言文转向白话文。因为一路上你得聊天，聊天的时候不能'之乎者也'这样文绉绉的，而必须侃故事，四大名著就是老百姓这样侃出来的。此外，慢文化还造就了中国的餐饮文化的'四大名菜'与'八大菜系'。"

大运河给江南带来的经济和文化的繁荣，运河就是江南的路，在这条路上，船只南来北往，市镇错落其间，明清以来，评弹艺人背包囊、走码头，将苏州评弹送达江南社会的每一个角落，构成了一幅水乡繁华图。华东师范大学教授胡晓明说水乡是华夏文明五千年修行的善果，水乡因为水网、水路，是戏曲之路与故事之乡与人性自由之乡，如果没有水路，弹词和昆曲根本没有办法发展起来。评弹艺术在江南百年来的扎根和浸润，影响了江南人的性格、社会风尚和价值理论，上海师范大学教授唐力行和上海评弹团团长高博文为我们共同演绎了苏州评弹的前世今生。现代作家郁达夫是江南的才子，他也永远忘不了水乡，水乡带给人的不仅是一种生活的环境，而且是一种心灵的精神上的超脱，是一种意境。讲堂特邀上海文艺评论家协会副主席、《文汇报》创意策划总监张立行讲述了现当代美术视觉图像中的"江南水乡"。

江南水乡不仅是一个地理概念，更是一个宜居概念，不仅是一个宜居概念，更是古典中国的文化符号。复旦大学中文系教授骆玉明认为，在中国古代社会，从传统的农业文明向一个现代方向转化的过程里，江南文化起了一种独特的作用，在这种文化背景下，诞生了像祝允明、唐寅、文徵明、徐渭这样的艺术家。上海博物馆书画研究部主任、研究馆员凌利中认为诗性的江南（尤其是太湖流域）是中国文人大写意花鸟画得以孕育、生长与别开生面的主要地区。在江南文人画家笔下雅集活动也多有表现，营造出独特价值原则与独立图式系统以及自成格局的人文气象。上海大学上海美术学院副教授胡建君认为，无论纵情山水之间，还是畅怀居室一隅，近代江南文人雅集既是旧时文人为缓解科举压力而进行宴饮酬唱的风习，也是一种轻松的音韵学训练，更是感时抒怀、同气相求的交流范式。

在江南文人雅集的过程中，自然离开不了江南的方言，复旦大学中文系教授陶寰，从江南吴越之地的核心区属谈到吴语吴歌和明清山歌，结合上海地名的流变和人口来源，讲述上海方言的来历与变革。全国非物质文化遗产项目滑稽戏国家级代表性传承人钱程表示，上海这座城市是海纳百川、兼收并蓄，东西方文化在这个国际大城市中交融，显示最生动、最鲜活的人间烟火，只有让各地的方言口口相传，记住乡音、乡愁，才能延续所在城市的文化积淀，找到认可这个文化内涵的生活方式，保持人们对所在城市的文化认同。

上海是一个非常具有人文关怀的城市，建筑可阅读，街区可漫步，人们来到上海，最开始是为了生存，伴随城市发展的奇迹，个人价值得到了实现。正是生活在上海的居民向世界传递了一种价值观："我们来到这个城市，不是生存，而是为了更美好地生活"。上海交通大学徐剑教授指出，"咖啡在上海已经成为品质生活最重要的代表，喝咖啡不仅仅是喝咖啡，而是去感知这个城市生活的品质。"上海市人大代表、专业作家陈丹燕发现对于年轻人来讲，他们爱这个上海，上海充满了力量和魔幻感，整个城市充满向上的力量。她说到"上海其实一直有这样一种精神，你比我好，我向你学习，我向你学习的目的是我要像你一样好，然后有一天我要比你还要好。"

海派旗袍是上海"海纳百川"精神的体现，东华大学服装与艺术设计学院教授刘瑜认为海派旗袍是多元、多地域文化不断交流、融合的产物，是中国传统文化不断传承和创新的例证。从海派旗袍，我们可以看到江南文化互相依存又互相独立，互相借鉴又互相对照，最终相互成全、成就，于是有了最美的江南。上海博物馆研究馆员于颖博士认为摩登社会赋予了旗袍独特的精神，旗袍反映了女性对新社会、新思想、新平等意识的追求，旗袍中摩登的内涵就是开放、独立、自尊和平等。

"江南文化讲堂"从2020年诞生至今，得到了广大听众的喜爱和追捧，几乎场场爆满。来自社科、文化与文博领域的专家们，在"江南文化讲堂"的平台上，持续挖掘江南文化背后的精神文脉，探秘长三角城市群的成长基因，传播了江南文化的创新理念，打响了"上海文化"品牌，书写出了新时代新征程的美好华章。

"江南文化讲堂"是在市委宣传部和市文化旅游局指导下，由市社联与上博联合创办的江南文化示范品牌，是提升城市文化软实力、服务人民群众高质量精神文化生活需求的积极举措。上海博物馆未来将携手各界，继续推出江南文化研究的系列创新内容，向海外博物馆推介"江南文化艺术展"，在上博东馆策划举办"江南造物展"等，持续赋予江南文化以新的时代内涵和现代表现形式，在传承创新中提升江南文化品牌传播力，高水平推进江南文化研究学术成果应用转化和社会普及，全力打响"上海文化"品牌，为服务长三角高质量一体化和上海城市文化建设做出独特的贡献。

（注：作者为上海博物馆党委书记）

目　录

第一讲　锦绣江南与红色文化

熊月之：江南地区红色文化特有光彩...........................002

倪兴祥：石库门与建党伟业...................................019

第二讲　大运河与江南文化

王　战：大运河与江南经济

　　　　——江南文化何以成为中华文化的

　　　　"第三个高地"...................................040

郑　晶：赏江南文化，品运河之美.............................053

第三讲　古代"江南才子"与江南人文

骆玉明：江南文化与明代江南才子.............................072

凌利中：江南文化中的水墨写意精神

　　　　——从上海"吴门前渊／先驱"到徐渭...................090

第四讲　文人雅集和江南曲艺

唐力行：苏州评弹的前世今生.................................120

胡建君：我有嘉宾　鼓瑟鼓琴

　　　　——从江南文人雅集说起.............................138

高博文：心目中的江南 157

第五讲　咖啡文化和上海印象

徐　剑：咖啡文化和上海城市精神 168

陈丹燕："上海三部曲"和陈丹燕眼中的上海 177

第六讲　江南的民俗与社会生活

仲富兰：乡村民俗美学与江南古镇建设 192

张经纬：上海清末年画中的民俗与历史 201

第七讲　江南的方言

陶　寰：吴侬软语与江南文化 226

钱　程：传神的方言 249

第八讲　江南水乡

胡晓明：水乡：华夏文明千年修行的善果 264

张立行：现当代美术视觉图像中的"江南水乡" 276

第九讲　江南的电影

任仲伦：江南文化：上海电影的重要根脉 296

胡雪桦：上海电影与江南文化 307

第十讲　江南文化与海派旗袍

　　刘　瑜：相互成全的江南

　　　　　　——从海派旗袍看江南文化 316

　　于　颖：海派旗袍中的摩登韵味 326

第一讲

锦绣江南与红色文化

时间：2021 年 6 月 11 日　19:00—20:30

嘉宾：熊月之　倪兴祥

地点：上海博物馆学术报告厅

江南地区红色文化特有光彩

/ 熊月之

　　熊月之，男，上海社会科学院研究员、上海市文史馆研究馆员、中国城市史研究会会长，曾任中国史学会副会长、上海市历史学会会长，兼任复旦大学、华东师范大学历史学博士生导师。研究领域包括中国近代史、社会史、城市史、思想文化史等，曾主持"上海通史""异质文化交织下的都市文化——近代上海社会生活研究""上海社会生活史研究"等各级各类重大课题。主编《上海通史》《辞海（中国近代史分册）》等，所著《中国近代民主思想史》《西学东渐与晚清社会》《冯桂芬评传》获得上海市哲学社会科学优秀成果奖，主编的《上海通史》（15卷）获上海市哲学社会科学优秀著作一等奖和第五届国家图书奖。曾赴美国哈佛大学、英国牛津大学、德国海德堡大学、法国里昂大学、奥地利维也纳大学、日本早稻田大学等担任访问学者。

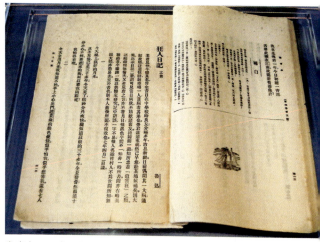

《新青年》第二卷第一号封面　　发表在1918年5月15日4卷5号《新青年》上的《狂人日记》

江南地区红色文化的光彩有很多可以谈的地方，我说三个关键词，一个是先锋性，二是全局性，三是互通性。我今天就把这九个字，和大家一一阐述一下。

第一，江南红色文化的"先锋性"

江南红色文化，它的思想观念、组织方式、创新方式，在全国具有先锋意义。新文化运动首先是在上海发轫的，学术界讲新文化运动的时候，会首先讲到1915年在上海创刊的《新青年》（初为《青年杂志》），这是新文化运动发轫的一个标志。新文化运动三方面最重要的内涵，一是批判传统的纲常礼教，二是宣传白话文，三是倡导男女平等。这三方面其实在1915年以前，在上海已很盛行。晚清上海在这三方面，都已经有了相当丰富的、出色的表现。上海在接受新文化，在引领新时尚方面，走在了全国前面，所以，民国时期，在上海习以为常的事情，换了一个地方就会起文化冲突。这是上海先锋性的一个很重要的原因。

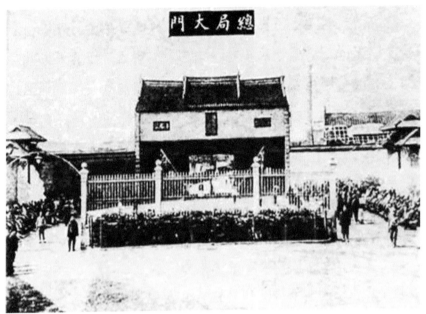

江南机器制造总局大门

江南机器制造总局在制造西洋重炮

梁启超

上海为什么有先锋性？这要追溯到我们今天讲的江南。江南在整个近代中国的文化思潮中，一直走在全国前列。鸦片战争以后，在中国共产党诞生以前，上海至少有三次大的觉醒。

第一次觉醒是西方人打来了，我们觉得技不如人，要学习西方的坚船利炮，于是开始了洋务运动。洋务运动最先发起的地方，就有上海。江南机器制造总局是全中国最重要的兵工厂，就在上海。中国人办的最重要的轮船公司轮船招商局在上海，中国电报局在上海，中国通商银行在上海。洋务思潮在上海发轫，这是江南先锋性的一个很重要的表现。

第二次觉醒，洋务运动以后，我们认识到光靠学习西方的坚船利炮还不能救国，被日本打败了之后兴起了维新思潮。最激进的先锋人物之一就是梁启超。那个时候他在上海，办《时务报》。此时，上海的维新宣传走在了全国的前面。

第三次觉醒，就是反对清朝政府的辛亥革命，这次觉醒，上海更是起到了至关重要的作用。武昌起义以前，全国宣传反清革命的中心，就在上海。武昌起义之后，全国各地响应，上海也奋

中文版《几何原本》中的插图：利玛窦和徐光启

起响应，但是有很多地方很快就被清朝政府的军队打压下去了，幸亏上海的军队撑住了，上海跟杭州联合起来，把整个的局势转过来了。所以这次觉醒，长三角起了非常重要的作用。

中国共产党诞生在上海，此前的三次觉醒也是从江南发起的，是从上海发起的。

江南红色文化的先锋性，不仅表现在近代，还有更长久的历史根源。明末清初，中国兴起一轮引进西学的热潮，代表人物是徐光启、杨廷筠、李之藻。徐光启是上海人，杨廷筠和李之藻都是杭州人。这三个人是晚明时候引进西学最为积极的代表性人物，这三个人都在江南，这是偶然吗？不是，因为江南那个时候思想文化非常发达，思想开明。

中国传统文化中，身份排序是士农工商，"商"为最末，商人也被认为最没有道德。但是，江南大地上从宋代以后，事实上的评价就已经发生根本性的变化，叫士商农工。谁改的？谁认识到"商"的重要性？就是江南人，因为江南从唐代以后，就是整个中国社会经济最发达的地方，人口密度高，读书人多，科举考试录取的人少，所以有的人去绘画，有人去写小说，有的人去编书、搞出版，去做别的各种有知识含量的工作，各方面都非常好。当然，也有人去经商。一个家庭中，兄弟之间，常常有分工，一个人去读书，一个人去经商，互相补充，相得益彰。所以大家认为"商"不是可有可无的，而是非常重要的，正因为有了"商"，社会才会蓬勃发展。于是，在江南大地上，"重商"的思潮，直接引导了后来学术界讲的资本主义萌芽。在近代以前，引领中国先进的思想文化的潮流，很多是从江南起步的。

近代江南红色文化的先锋性，还可以找出很多具体的例证：

第一个是衙前农民运动。我们知道中国共产党的成功是农村包围城市的运动。在中国共产党成立之后，在长三角这块地方就已经开始兴起了农民运动，最早的是浙江萧山的衙前农民运动。1921 年 4 月份开始，1921 年 9 月份正式成立组织。在中国农民

衙前农民运动纪念馆

五卅工人运动

运动史上，萧山衙前农民运动占有非常重要的地位，这发生在浙江，是非常了不起的一件事，说明江南大地在农民运动上走在前面。

第二个是五卅工人运动。1925 年爆发的五卅运动，是中国共产党领导下的第一次大规模工人运动，并且取得了很大的胜利。这个是江南在红色文化方面的先锋性表现非常突出的地方。

第三个是改革开放以后，发展经济的温州模式，就是江南模式的一种。那时有两种模式，一是苏南模式，二是温州模式。温州模式的特点，是以家庭工业和专业化市场的方式发展非农产业，从而形成小商品、大市场的发展格局。中国人群当中，温州人的市场意识非常敏感。世界上只要有生意做的地方就有温州人，温州人在这个方面走在全中国的前面。

当然，江南的先锋性还表现在改革开放的攻坚克难方面。全国改革开放遇到瓶颈的时候，中央想到了上海。1990 年 4 月 18 日，中央宣布浦东开发开放。以后，浦东开发开放一日千里，发展得非常快、非常好。浦东开发的模式，一些具体措施，在全中国形成广大的影响，上海形成的很多经验都变成全国的经验，比如说土地批租和证券交易。这些在中国共产党一百年历史上都具有重要的意义，这些也是江南文化先锋性的重要表现。

上海陆家嘴夜景

浦东新区的上海证券交易所外景

第二，江南红色文化的"全局性"

江南红色文化的全局性，表现在以下几个方面：

其一，中共中央机关长期设在上海。

中央机关不是单单领导上海，也不是单单领导长三角，这是领导全中国的重要机关、核心机关。从1921年到1949年，中共中央机关有126个月设在上海，指挥着全国各地的革命运动，这是具有全国意义的。我们学习党史，可以看到，有很多中央领导人，时常往来于上海、广州、武汉、北京等地，他们是在上海指导各方面工作的。

其二，新四军以江南为基地。

中国共产党领导了两支重要的军队，一个是八路军，一个是新四军。新四军的总部就在江南这块地区，先是在安徽泾县，后来进入到江苏盐城，他们的活动主要在江南地区，在上海周围。新四军的战士有相当一部分来自江南大地。

新四军和江南的关联度太高了。如果把新四军和八路军做一个比较研究，会发现八路军中知识分子的比例，远远没有新四军中知识分子的比例高，为什么？这个和地区文化有关系。因为江南的读书人远远比其他地方比例高，这和地方的经济、文化发展直接有关。所以，讲江南文化一定要和这个地方的社会经济联系在一起讲。

江苏盐城

　　新四军是中国共产党领导的十分重要的革命武装，当然属于全局性的一个大的方面，它对于上海的影响，对于江南的影响，对于全国的影响，都是至关重要的。

　　其三，长三角是解放战争决胜之地。

　　1949年，解放军横渡长江，解放了南京、杭州和上海。中央给上海发贺信，新华社给上海发社论，叫《祝上海解放》。这三个城市的解放，意味着解放战争在全中国取得了决定性的胜利。为什么？南京是国民政府的首都，首都解放了，说明这个政权发生了根本性的变化。上海是全中国最大的城市，当时上海的人口相当于三个南京，相当于南京、北京、天津三个城市人口之和。如果讲经济体量，上海经济体量中，工业通常占全中国的三分之一，有时候要占一半，对外贸易占全中国的70%，金融方面高的时候占全国88%，低一点的时候占全国80%，全国的经济命脉都

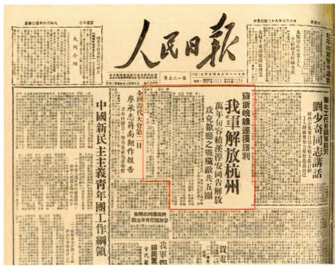

解放军解放上海、杭州的通讯报道

在上海。所以，我们讲解放战争的决胜之地就是长三角，长三角解放了，就意味着全中国的解放已经没有大的问题了。南京、杭州、上海这三个城市的经济在全中国占了很大的比重，也说明江南的经济地位在全国而言是很重要的。

第三，江南红色文化的"互通性"

参加新文化运动的知识分子，关心国家前途命运的先进知识分子，大多出自江南，荟萃于上海。比如安徽人有陈独秀、胡适、高一涵、刘文典、潘赞化、汪孟邹、陈延年、陈乔年、柯庆施等；江苏人有瞿秋白、恽代英、张太雷、周恩来、陈云、张闻天、刘半农、刘海粟等；浙江人有蔡元培、鲁迅、沈尹默、沈雁冰、陈望道、施存统、俞秀松、沈玄庐、邵力子等。五四运动前后，活跃在北京的新文化运动积极分子，绝大部分是原来活跃在上海的，比如蔡元培、陈独秀、章士钊、胡适等。

蔡元培　　　　　　　陈独秀　　　　　　　章士钊

　　如果没有上海工人起来罢工，商人罢市，那么五四运动也许不会那么成功。正因为工人罢工、商人罢市，才产生了一个根本性的变化。五四运动时期，上海是 245 万人，北京是 85 万人。由于北京的工人比较少，长辛店工人运动被镇压下去以后，就很难再起来，而上海工人运动则是一波又一波的，因为上海工人多。而上海人，主要是江南人，是从江南各地汇聚到上海的。

　　上海知识分子是从江苏、浙江、安徽汇聚到上海来的，上海工人也是从江南各地汇聚来的。上海，是江南的上海，是大家在一起共同活动的舞台。

　　当然，江南三省一市在近代江南文化中，不是平均分配的，而是有主有次的。我们今天讲长三角一体化，上海是龙头，其实那个时候上海就是龙头，是中心。那个时候，有三种人到上海来，第一种是"赶拢"，也就是在当地不能被接受，但是上海的氛围宽松，可以被接受。比如陈独秀、陈望道、俞秀松；第二种就是"吸拢"，就是上海的文化氛围让他们觉得这里是可以发展的地方，所以有很多有才华的人从各地到上海来，比如瞿秋白、茅盾；第三种是被"派拢"来的，就是中国共产党发起成立以

1919年5月4日，天安门广场聚集北京13家大学逾3000名学生

1919年6月10日，上海全市工人大罢工，并走向街头示威游行，上海水陆交通全部中断。

上海商人罢市

1919年6月10日，上海全市工人大罢工、商人罢市

陈望道　　　　　　　瞿秋白　　　　　　　柯庆施

后，要培养党员年轻干部，各个地方就把年轻人派到上海来，于是，就可以看到从湖北、湖南、安徽派了很多人过来。上海原来的市委书记柯庆施，就是被安徽派过来的，任弼时、萧劲光等人到上海，也都是"派拢"来的。

有了三个"拢"，即"赶拢、吸拢、派拢"，思想就会有交流、交锋、交融，就会觉得我们应该成立共产党，应该成立一个能够解决中国问题的政党。这就是城市在集聚功能方面起到的一个特殊性。正因为有了互通，所以他们能够集聚到上海来。

互通性还有很多方面，比如说上海人民与新四军的互动。新四军中有相当多的干部是上海的，上海有一批一批的人送到新四军。有数据表明，从上海到新四军入伍的一共有两万人，这是相当大的数字。那时，从上海到新四军各个根据地，一共有6条主要的地下交通线。在日本人已经占领上海的时候，上海还是有很多的通道去到新四军各个根据地。新四军需要很多的战略物资，都是从上海运过去的。比如说医疗设备、无线电设备以及部队急需的其他物资。当然，新四军和上海是互相支持的。新四军在上海周围打了很多很好的仗，减轻了日伪对上海的压力，这个也是

周恩来同志和新四军领导干部合影（右起：叶挺、朱克靖、周恩来、傅秋涛、粟裕、陈毅）

互通性很重要的一个表现。

上海通过各种各样的渠道，为八路军和新四军提供各种方面的帮助。最有名的是《西行漫记》的出版。1936年采访毛泽东的斯诺，是怎么到延安去的？是从上海去的。怎么从上海去的？因为他在上海办报，在北京教书，自己想去。他与宋庆龄联系，请宋庆龄帮忙，让他到陕北去采访。这时，毛泽东正好希望有比较公道的外国记者到延安去，将陕北的实际情况介绍出去，让全世界了解真相。毛泽东、斯诺都把目光投向了宋庆龄。宋庆龄考虑再三，决定推荐斯诺去。毛泽东接受了斯诺这个人选。大家知道，斯诺的报道对中国共产党，以及我们的红色武装起到了重大的作用。斯诺对延安的访问，是红军长征到陕北以后，中国共产党自觉进行的第一次最成功的外宣。

江南红色文化的互通性，可以言说的内容很多。有两幅关于解放军占领南京的油画，一幅是陈逸飞画的，一幅是李斌画的。陈画突出的武装占领，李画突出的是和平占领。两画都有价值。

埃德加·斯诺在延安时与毛泽东合影

陈画强调的是大的氛围，没有解放军渡江，南京自然不可能解放。李画凸显的历史细节，中共南京地下党在南京解放过程中，做出了巨大的贡献，做了很多策反工作。画面中的女性，陈修良，是当时中共南京市委书记，后来做过上海社科院的顾问。陈修良是浙江人，在上海从事革命活动，后来做了南京市委书记。她一个人，就将浙江、上海、江苏连起来了。这典型地反映了江南红色文化的互通性。

江南地区的红色文化，内容非常丰富，特点相当鲜明。先锋性、全局性、互通性，是其最突出的地方。先锋性是就文化领先维度而言的，全局性是就文化影响维度而言的，互通性则是就江南内部联系而言的，三者综合起来，就是江南地区红色文化的特有光彩。

江南红色文化是个内涵丰富、极有价值的课题，值得我们深入研究。

谢谢各位！

扫码观看《江南地区红色文化特有光彩》视频内容

石库门与建党伟业

/ 倪兴祥

　　倪兴祥，男，毕业于华东师范大学政治教育系，中共一大会址纪念馆原馆长，研究馆员，上海大学兼职教授，中共上海市委党史研究室特约研究员，长期从事中国共产党创建史研究。出版了《中国共产党创建史大事记》《开天辟地》《此间曾著星星火——中共创建及中共中央在上海》等多部专著；主编《中国共产党创建史辞典》《中国共产党创建史论著目录（1949.10—2004.12）》《中国共产党创建史研究》《中国共产党创建图史》《中共一大代表早期文稿选编（上、下册）》及《上海革命史资料与研究》（第一至第十三辑）等著作20多部。

首先感谢上海市社联和上海博物馆给我提供了这样一个和大家互相交流的舞台。熊月之老师是一名社会科学家，从宏观的角度讲了江南文化和红色文化之间的联系，确实使我受益匪浅。作为一名文博工作者，今天我讲一讲石库门和建党伟业之间的关系。

一、关于石库门建筑

石库门是上海典型的居民住宅，是近代上海城市文化发展的一个缩影。它融江南文化、海派文化和红色文化于一体，是我们解读上海的一把很重要的钥匙。根据资料显示，1949 年以前，上海的石库门建筑共有 9000 多处，石库门里弄房子 20 多万栋，总建筑面积 1200 多万平方米。上海当时大概有 60% 的居民都住在石库门里。据统计，至今上海还有近 200 万居民住在有一个多世纪历史的石库门房子里，我小时候也是生活在石库门房子里，改革开放以后才搬出来。

石库门建筑起源于 19 世纪 70 年代，盛行于 20 世纪 20 至 30 年代。石库门的建筑风格很大程度上是继承了江南民居的特色，建筑材料上是以石头作为门框，黑漆的实木作为大门，门上还有两个沉甸甸的铜环，外墙上都是青砖和红砖相间的格局。从单独的房子结构来说，它保留了江南民居的两层楼，包括三合院和四

上海的石库门民居

合院的建筑风格。一般的石库门房子都是三上三下和五上五下。之后到了租界，人口越来越多，为了更好地利用土地面积，房子的规模有所缩小，由两上两下发展到一上一下。所谓三上三下的石库门建筑，进入黑漆的大门，楼下是客厅，左右两边有厢房，后面是厨房；楼上是卧室，楼梯拐角旁是亭子间，亭子间的上面有阳台。石库门建筑基本上是独门独户，私密性比较强，具有浓厚的江南文化特点。但在总体布局上采用联排式布局则来源于欧洲。外墙以及门上三角形或弧形的门头装饰也大多为西式图案，

石库门建筑继承了江南民居的特色，具有鲜明的中西合璧的海派文化特征

上海现有各类红色资源 612 处，50% 以上都是石库门建筑

又具有鲜明的中西合璧的海派文化特征。

石库门本身的建筑特点，加上上海特殊的社会历史背景，使它孕育了红色文化。根据最近市委党史研究室的调查，从 1919 年到 1949 年期间，与党的历史有关的红色文化资源有 612 处，其中约 50% 以上是石库门建筑。

二、三幢石库门与建党伟业

石库门孕育了中国共产党，见证了中国共产党的诞生。在中国共产党的创建历史上，影响最大、意义最深远的有三件事：第一是中国共产党第一个早期组织的成立，是红色的起源；第二是中国共产党第一次全国代表大会的召开，宣告了中国共产党的诞生。毛泽东同志曾说过"中国产生了共产党，这是开天辟地的大事变"；第三是 1922 年在上海召开了党的第二次全国代表大会，公开发表了《中国共产党宣言》，这三件大事都发生在上海普普通通的石库门建筑里。

第一幢石库门建筑——老渔阳里。

老渔阳里位于原来的环龙路，也就是现在的南昌路 100 弄。它建于 1912 年，其中的 2 号是一栋两上两下的石库门房子，为辛亥革命时期安徽都督柏文蔚的寓所。1920 年 2 月，陈独秀为躲避北洋军阀政府的追捕，由李大钊亲自从北京护送至天津，之

老渔阳里：红色起点

后到了上海。陈独秀到上海后，一开始住在朋友家里，4月份便住到了老渔阳里2号。他为什么会住在这里？因为陈独秀曾经担任过安徽都督府的秘书长，与安徽都督柏文蔚的私人关系非常好。由于陈独秀是《新青年》的主编，他来到上海后，《新青年》编辑部也从北京搬到了上海，于是老渔阳里2号就成为《新青年》的编辑部。他到了上海以后，各地很多的先进青年也纷纷来到了上海，聚集在陈独秀的周围，有的在《新青年》编辑部工作，包括浙江的俞秀松和施存统，还有后来的陈望道和李达、李汉俊等，所以《新青年》编辑部聚集了很多的青年。这个房子不但是陈独秀的住所和《新青年》的编辑部，更重要的是，这里是中国共产党第一个早期组织的诞生地。1920年4月份，共产国

陈独秀在上海的寓所暨《新青年》编辑部旧址

际代表受列宁的委派，从俄罗斯先到了北京，见到了李大钊，由李大钊介绍于 4 月份来到上海，专门会见了陈独秀，向他介绍了十月革命以后苏联的情况，同时也向陈独秀了解了五四运动以后上海的情况，希望陈独秀尽快在上海建党。1920 年 6 月，陈独秀在上海成立了中国共产党第一个早期组织，成员有陈独秀、俞秀松、李汉俊、施存统、陈公培五个人。当时的名字不叫中国共产党，叫中国社会党。后来陈独秀和李大钊取得联系以后，根据李大钊的意见，正式把中国社会党改名为中国共产党。到党成立以前，各地共有 8 个共产党早期组织，国内有上海、北京、武汉、长沙、济南、广州 6 个地方；海外有 2 个，一个是日本东京，一个是法国巴黎。其中，上海的共产党早期组织发挥了核心的功能。

上海的共产党早期组织成立以后，陈望道翻译的《共产党宣言》的第一本中译本，经过陈独秀和李汉俊的修改之后，于1920年8月份公开出版，一共发行了1000册，在全国竖起了马克思主义的大旗。很多人就是受这本书的影响，逐步成为马克思主义者。毛泽东同志在1936年会见斯诺的时候讲过，1920年5月份，他从湖南长沙到上海欢送一批新民学会的成员赴法国勤工俭学，在上海期间读了三本书，一本是《共产党宣言》，一本是考茨基的《阶级斗争》，还有一本是柯卡普的《社会主义史》。读了这三本书以后，他对马克思主义信仰从此就没有动摇过，也可以说从这个时候起他就是一个马克思主义者。所以《共产党宣言》这本书对毛泽东信仰马克思主义、走上建党的道路起了非常重要的作用。周恩来也曾经回忆《共产党宣言》对他确立马克思主义的信仰所起的重要作用。

上海的共产党早期组织成立以后，在1920年8月15日出版了党领导的第一本面向工人大众的刊物，叫《劳动界》，由李汉俊做主编。这份刊物通过很浅显的、工人听得懂的语言，做了很多工人的调查，让工人了解自己的地位，启发他们的阶级觉悟，组织他们起来和资本家进行斗争。在上海共产党早期组织影响之

下，北京出版了《劳动音》，广州出版了《劳动声》，济南出版了
《山东劳动》。

上海的共产党早期组织指派了最年轻的成员俞秀松，于 1920
年 8 月 22 日在霞飞路渔阳里（现在的淮海中路 567 弄）6 号建立
了党领导下的第一个青年组织——上海社会主义青年团。在此影
响下，北京、武汉、长沙先后都成立了社会主义青年团。

上海的共产党早期组织成立以后，《新青年》刊物改版，同
年 9 月成为共产党早期组织的机关刊物。《新青年》专门开辟了
俄罗斯研究专栏，系统地介绍俄国十月革命的情况，包括建党理
论，它也成为全国各地的共产党早期组织的理论刊物。同年 11
月 7 日，也就是十月革命胜利三周年时，上海共产党早期组织出
版了理论刊物《共产党》，一共出了六期。第一、第二期就是在
老渔阳里 2 号出版的。1920 年 11 月，陈独秀专门起草了《中国
共产党宣言》。这是中国共产党的第一个宣言，虽然没有公开，
但是成为当时各地共产党早期组织吸收党员的一个标准。

上海的共产党早期组织成立以后，通过多种方式，推动各地
建立党的早期组织并指导他们的活动。1921 年 6 月 3 日，共产国
际代表马林到了上海。因为陈独秀受广东政府的邀请，担任广东
教育委员会的委员长，马林就向上海党的早期组织的负责人李达
了解上海及全国共产党早期组织的情况，他认为召开代表大会、

| 陈独秀 | 李汉俊 | 俞秀松 | 施存统 | 陈公培 |

中国共产党第一个中央领导机构中央局成员

成立全国统一的中国共产党的时机已经成熟。于是，上海的共产党早期组织向各地发出召开大会的通知，包括给每一位代表100块大洋的路费。因此，老渔阳里2号就成了筹备党的一大会议的秘书处，很多筹备工作都是在这里进行的。

党的一大选举产生了中国共产党第一个中央领导机构中央局，陈独秀是书记，李达负责宣传，张国焘负责组织。1921年9月，陈独秀从广州返沪，就任中央局书记，党中央机关就设在老渔阳里2号。

从上面讲到的这些可以看出，老渔阳里作为中国共产党第一个早期组织建立和经常开展活动的地方，以及中国共产党最早的中央机关所在地，在党的历史上有着很重要的作用，可以说它是中国的红色起点。

第二幢石库门建筑——树德里。

党的一大会址在原来的望志路106号、现在的兴业路76号，也是石库门民居。大家知道石库门建筑属于里弄房子，有总弄，里面有很多的支弄。望志路106号后门所在的弄堂叫树德里，由两排房子组成，第一排是五栋一上一下的房子，后面一排是四栋一上一下的房子，所以树德里是由九栋一上一下的房子组成的。

树德里：开天辟地

中国共产党第一次全国代表大会会址

　　树德里的房子建造于 1920 年的秋天，刚刚造好不久，李汉俊和他的哥哥李书城就租了前排五栋房子中的两栋，也就是望志路 106 号和 108 号。他们兄弟俩把两栋房子打通，106 号楼下是兄弟两家平时吃饭和会客的地方，楼上是李汉俊的书房和卧室；108 号的楼下是李书城的厨师和保镖住的地方，楼上是李书城家的客厅，后面的亭子间是他们的卧室。1921 年 7 月 23 日，来自各地 7 个党的早期组织的 13 名代表，代表了当时全国 53 名共产党员，在 106 号楼下召开了党的第一次全国代表大会。

中国共产党第一次代表大会在望志路 106 号开了 6 次会议。7 月 23、24 日这两天，主要是来自各地的代表汇报各地建党情况。25、26 日两天休会，起草党的纲领和工作决议。27、28、29 日三天讨论纲领和决议。7 月 30 日晚上 8 点多，突然从后门闯进一个陌生人，他看到这里有人开会，而且还有外国人，他马上就说走错了，就匆匆地离开了。这引起了马林的警觉，要求马上终止会议，代表们迅速从前门和后门离开了会场。大约 15 分钟之后，法租界巡捕房派了 3 辆警车和 9 个警察包围了这个房子进行搜查。当时留在现场的有两个人，一个是主人李汉俊，还有一位是广东代表陈公博。法租界巡捕房警察来了以后就问李汉俊在干什么，他说我们都是北京大学的教授，利用暑假期间讨论学术上的问题。为什么要说北京大学，因为大会期间，来自外地的代表临时住的地方是现在的太仓路 127 号博文女校。当时学校正好放暑假，所以来自外地的代表就借住在这个学校里。以什么名义借？就叫北京大学暑期旅行团的名义，所以他说是北京大学的教授，利用暑假期间讨论问题。警察又到了 106 号楼上李汉俊的书房，在书架中搜出了很多宣传社会主义方面的书籍，问为什么有宣传激进主义的书籍，李汉俊说我们是教授，社会主义、资本主义都要进行研究。因为搜查的是法国人，可能在文化理念上认为大学教授研究社会主义这很正常，所以他没有采取进一步措施，只是提出了一个警告。他说根据我们公董局的规定，在法租界里集会要事先备案，你们没有经过备案，以后不能在这里开会，所以有惊无险。当时选在李汉俊的家开会，也因为这里相对比较安全。

因为受到巡捕房的干扰，代表大会最后的一天会议转移到浙江嘉兴南湖的一艘游船上举行。在最后一天会议上，通过了党的纲领和工作决议，选举了中央局领导机构，宣告了中国共产党的诞生，从此以后在中国的大地上有了一个全新的以马克思主义为指导思想，以共产主义为奋斗目标，以民主集中制为组织原则的统一的无产阶级政党。所以毛泽东同志曾说中国产生了共产党，这是开天辟地的大事变，这是 1949 年 9 月 16 日在《论唯心史观的破产》一文中讲的。所以，一大会址就成为中国共产党的诞生地。

中国共产党第一次代表大会通过了党的第一个纲领，选举产生了党的中央领导机构中央局。

2017 年党的十九大以后，习近平总书记率领新当选的中央政治局常委瞻仰中共一大会址时说："毛泽东同志说'这里是中国共产党的产床'，他说这个比喻非常生动。我认为这里是中国共产党人的精神家园。"毛泽东的这个话是哪里来的？是 1964 年

中国共产党第一次代表大会，宣告了中国共产党的诞生

毛泽东在接见民主人士李书城时候说的。李书城先生是国民党的元老，中华人民共和国成立以后由周恩来同志提议担任第一任农业部的部长。毛泽东当时说："你们的家是我们共产党的产床"。所以一大会址成为中国共产党的诞生地，是中国共产党初心始发地。

第三幢石库门建筑——辅德里。

辅德里位于原来的南成都路，也就是现在的成都北路7弄，建于1915年，其中的625号（今30号）是两上两下的房子。

辅德里 625 号（今 30 号）暨人民出版社旧址

1921 年 4 月，李达和其妻子王会悟搬到这里居住。党的历史上还有很多重要的事情都发生在这里。

根据党的一大通过的工作决议，党要加强工人运动和马列主义书籍的出版。所以在 1921 年 9 月，就在李达住的地方创办了我们党领导的第一个出版机构——人民出版社，出版了很多宣传马克思主义的书籍，包括《马克思全书》《列宁全书》《列宁传》《共产党宣言》《共产党礼拜六》，很多早期宣传十月革命、马列书籍就是在这个出版社出版的。

1922 年初，我党还在这里建立了第一个培养妇女干部的学校平民女校。陈独秀、李汉俊、沈雁冰都曾在这里教书。

1922 年 7 月 16 日，中国共产党第二次全国代表大会在这里召开，出席的代表有 12 人，代表了当时全国 195 名党员。党的二大第一次明确提出了反帝反封建的民主革命纲领，并通过了第

平民女校旧址

一部党章。党的一大是从组织上建立了中国共产党，但由于我们党对中国当时形势的了解还不够充分，所以党的纲领中只提出了党的目标就是通过无产阶级专政实现社会主义和共产主义。党的二大通过对中国国情的了解，提出了当前中国的革命性质是民主革命，革命的对象主要是反动军阀和帝国主义。革命的动力主要

中共二大首次公开发表了《中国共产党宣言》，通过了第一部《中国共产党章程》

是工人、农民和小资产阶级，革命的策略是建立民主联合阵线，主要任务是推翻反动军阀的统治和帝国主义的压迫，使中国成为一个独立的、统一的民主共和国，最后是要实现社会主义和共产主义。所以，二大是确立了党的最低纲领和最高纲领，成为领导中国民主革命的纲领性文件，为取得民主革命的胜利奠定了理论基础。其次是通过了党的第一个章程。中国共产党第一个党章的诞生是我们党的历史上的一个新的里程碑，标志着中国共产党创建任务基本完成。

刚才概要回顾了三栋普普通通石库门建筑在建党历史上的重要地位。所以，习近平同志 2017 年在参观中共一大会址的时候专门说到，"上海的一大会址和嘉兴南湖红船是我们党梦想启航的地方。我们的党在这里诞生，在这里出征，从这里走向全国执政，这里是共产党的根脉"，他还说"我们党的全部历史都是从中共一大开启的，我们走得再远也不能忘记来时的路"。

在庆祝中国共产党成立一百周年的时候，我们绝对不能忘记在我们党的创建历史上，这三幢普普通通的石库门房子，因为它们是我们党的初心之地，是共产党人的精神家园。我们只有不忘初心，牢记使命，永远奋斗，才能使我们在庆祝中国共产党成立一百周年的时候，更加满怀信心地迎接新的更加辉煌的下一个一百年！

扫码观看《石库门与建党伟业》
视频内容

第二讲

大运河与江南文化

时间：2021 年 7 月 23 日　19:00—20:30

嘉宾：王　战　郑　晶

地点：上海博物馆学术报告厅

大运河与江南经济——江南文化何以成为中华文化的"第三个高地"

/ 王 战

　　王战，男，上海市社会科学界联合会主席，中国国际经济交流中心常务理事，上海社会科学院国家高端智库顾问，复旦大学客座教授、博士生导师。曾任中共上海市委副秘书长、市委研究室主任、上海市决策咨询委员会主任、市财经领导小组办公室主任、上海社会科学院院长、第九届和第十届全国政协委员、第十一届和第十二届全国人大代表。

各位嘉宾，晚上好！现在应该是奥运会开幕的时候，在这里看到这么多听众关注江南文化，很感动。其实我算不上专家，我刚到社联当主席时就说自己是杂家，今天讲一些以前没讲过的观点，抛砖引玉，触发大家深入思考。

我本身学的是世界经济，我接触江南文化有四个阶段。

第一个阶段：1999年，因为"城市让生活更美好"这个世博会主题是我主持的课题组提出来的，确定这个主题的时候，就考虑到怎么演绎，不是一句话就完了，大运河是世界上第一条城市带，所以我很用功地读了两本关于大运河的书。那个时候关于这个方面的书不多，我把能找到的书找了一遍，又去大运河走了两圈。

第二个阶段：2007年世博会前，想到了一个问题。好多人从很远的东北、西北、西南跑到上海来，看一天世博会就回去了吗？所以我们在周边要选择几条可以和世博会的主题"城市让生活更美好"相呼应的旅游线路。我对古城古镇与江南历史文化的联系确实不是很懂，就带考察组跑到了衢州。一下车有一块匾叫"南孔圣地"，我在那边做了一些调研。我今天的题目是中华文化的"第三个高地"，就是在这次考察中得出的结论。原来江南文化是一个地域文化，南宋皇帝到了杭州，政治中心过来了，经济中心过来了。曲阜的孔家两兄弟也到了南边。所以我认为江南是中国先秦文化、中原文化以后的第三个文化高地。

第三个阶段：我在上海社会科学院当院长的时候，2016年世界经济伦理大会在上海社会科学院召开，在中国也是第一次。大会演讲中我多次提到大运河的儒商现象所体现的中国经济伦理观，这是我把大运河和江南经济结合起来的原因。

第四个阶段：2018年，市委宣传部给了社联一个任务，要我们牵头"江南文化"研究，但是我没有像在座的各位研究得很细，我讲的是江南经济与文化的几个大问题。

一是大运河与江南，二是江南经济与江南文化，三是江南文化与中华文明传承，四是江南文化与"一带一路"，五是江南文化与海派文化、红色文化，六是江南文化与其他地域文化的关系，七是江南文化所具有不同于其他文化的特征。以上内容，这几年在报纸上也有发表，大家可以查到。

我今天换一个角度，从世界中国学的角度来看"大运河和江南经济"。这个话题我已讲了八年，因为我在社会科学院上研究生通识课，前两年开始带世界中国学的博士生，这个月底这本教材修改出版，书名是《世界中国学概论》，其中专门有一块是讲"江南文化和江南经济"，我就从这个角度来讲。

世界中国学是研究中外学者共同感兴趣而没有达成共识的重大中国问题。江南问题是其中一个显学。在这里，我先介绍四个外国学者，他们从四个方面对江南经济提出了一些想法。

第一个是李约瑟，大家知道他写了《中国科技史》。他提了一个问题，他说为什么中国原来在科技发明上是走在前面的，比如"四大发明"。这里提出的"四大发明"是因为对西方影响比较大，其实中国在早先的发明很多，60项都不止。但是近代以后，为什么中国在科技方面几乎没有新发明，这个问题后面我会做一些解读。

第二个是彭慕兰，写了一本书叫《历史大分流》。他是美国南加州学派的领军人物。南加州学派是第一个从西方中心论走出来，认为从世界经济史上来讲，中国占了很重要的位置，中国在工业革命以前的六百年，世界经济最繁荣的地方在江南。原来我们没有从这个角度去总结，总觉得鸦片战争以后中国清政府内外交困。是他肯定了中国在工业革命以前六百年的繁荣，但是从英国工业革命以后，中国从世界经济舞台上谢幕，英国起来了，这个观点是可以商榷的。

第三个是法兰克，他写了一本书叫《白银帝国》。书中提到，实际上在北宋，我国是最早发明纸币的国家。但是到了明以后，我们大量使用的就是白银，而中国不产白银，他把中国称为"白银帝国"。

第四个是黄宗智，我见过他两次，后来他写的一本书也送

▷江南经济成就了江南文化。

▷江南经济的繁荣源于"四水"航运，即大运河、长江、江南水网和海运。

▷江南的"四水"经济，提供了江南文化发展的坚实基础。

江南经济是"四水"经济

给我了。他把江南经济和华北经济做了一个比较，他把江南经济称之为"过密型内卷式的经济"。我将从这个角度来进一步解读大运河和江南经济。为什么大运河这么重要？为什么大运河和江南经济的联系这么紧？我曾经在一篇文章中讲到，"江南文化"繁荣要有经济基础，没有繁荣的经济不可能支撑一个繁荣的文化，我的定义是"江南经济是四水经济"。"四水"包括长江、大运河，以太湖为中心的江南运河水网以及以上海为中心的海运。"江南文化"起来和这"四水"交集在一起是有关系的。从经济学角度讲，所有运输方式当中，水运是最经济的。你放在农业社会中一比较就知道了。我插队挑担子一百斤了不起了，但是如果是水运，一条船载重一两千斤都没有问题，用现在的话讲物流成本很低。

这个"四水"中，长江很宽阔，距离也长，它对我们"一带一路"起了很大作用，"一带一路"上很多的产品都源于长江，特别是长三角，这个和水运是有关系的。"四水"中最重要的是大运河，为什么？因为大运河几乎是在同一个水平面上走的，不像长江。为什么长江上有很多纤夫？因为长江水运过了武汉到了重庆以上这些地方，水位会有落差，不在同一个水平面上，但是大运河基本在同一个水平面上，所以运输成本低，当然还有前朝疏浚大运河工程，有一个不断修缮的过程。

原来中国的政治中心和经济中心都在关中地区，从西安到郑州、开封，其实这些中心都在隋唐大运河沿线，所以开封后来成为沟通南北的经济中心和政治中心，它的重要性不言而喻。到了京杭大运河以后，漕运就是盐、粮食等很多物资都是从南方往北方运，但是当时是禁止夹带私货的，但是这个禁令很难推行。从北方放空船回来，不可能，所以就会夹带私货。之后政策有了变化，大家可以通过运输来做买卖。因为南北商贸打通了，所以中国到了明代以后，中国商品经济很发达，以大运河作为一个载体，大运河是中国南北的经济走廊，同时也是中国南北的文化走廊。

水运除了运输成本低，还有一个特点，就是慢。我曾经查过，大运河水运一趟起码也得走两个星期以上，再慢的可能一两个月都有。那么晚上干什么？南来北往，把中国大运河上几个地域文化打通了。这个打通造就了中国的餐饮文化的"四大名菜"，后来说"八大名菜"，其实最早就是在大运河上的京菜、鲁菜、淮扬菜和苏帮菜。你走一路，山东吃的菜和北京吃的不一样。吃过菜要下酒，把酒文化给喝出来了，中国最早的名酒不是五粮液和茅台酒，而是在大运河上。北京有二锅头，江南有黄酒，其实最多的就是在南北交汇的地方，也就是我们讲的洋河大曲、双沟大曲等。喝了酒得侃，晚上天黑了，南来北往的侃，结果把名著给侃出来了。名著不是写出来的，而是侃出来的。这些东西绝对不是一个人想象，一个人写出来的。比如说《西游记》，而且吴承恩还不是在新疆写的，我当时推断这个人就是在大运河南北交汇的地方，最后查到了是在淮安。花果山为什么会在连云港，这也是在大运河上侃出来的。包括文言文变成白话文，市民的讲话肯定不是文绉绉的，我们看小说为什么这么精彩，他和老百姓结合得很密切。还有建筑艺术，北京有昆明湖、苏州桥，都是南北交往的结果。

这个"四水"中，最重要的是大运河，给江南带来的经济和文化的繁荣。大运河这么长，有1300公里，为什么独独是江南这个地方经济最发达？一是不同于中原，江南是移民经济，这很重要。商品经济发展的社会前提就是移民社会。从唐到宋，二百年两次大移民，主要落脚点就在江南。你到了这样一个新的地方，不靠自己的辛勤劳动，生存都会有问题。为什么独富江南？这就是我讲的第三个水。太湖边上很少是自然河流，几乎都是人工挖掘的河渠。实际上运河到了江南，过了无锡到了苏州，实际上形成了江南的运河水网。我们说大运河南到北运的物流成本低，出

大运河——苏州段

了晋商和徽商。但是在整个江南,四通八达,一般两条运河交汇的地方就是一个江南水乡古镇。所以这个水网给江南整个经济带来了非常大的帮助,物流成本低了,商业就发达。北方靠小毛驴,驮不了多少东西。我们经常讲苏杭,而不是杭苏,从政治来讲,杭州是南宋的首都,杭州、南京这两个排位应该在前面,为什么苏州在前面?因为苏州是大运河、太湖和江南运河水网的枢纽,这个位置是最好的,由此苏州在江南是经济最发达的。

当然,在不同时间段,比如说鸦片战争以后,上海成为大码头,进而上海海运成为"四水"中最重要的部分,但是在之前的各朝各代,上海起不到这个作用,这是现代的事情。这是我想讲的为什么大运河和江南经济，在中国整个经济发展和文化发展中具有这样独特的作用。

第二，到了江南，大家知道虽然同样是农耕社会，北方种小米、小麦多一点。但是在江南，"四水"首先涵养的是水稻文明。水稻文明有什么特点？水稻文明最重要的一个特点，农忙的时候种水稻。我在农村待了十一年，很清楚，4—10月份干农活，10月份收割，中秋基本就是这个意思，庆祝丰收。还有半年干什么？这叫农闲。所以农耕社会和英国的工业革命，它的社会前提是不一样的。11世纪开始，在欧洲家族的长子在农村家里留下来种地，次子以下的都要往城市走。所以我讲欧洲的海外扩张、文艺复兴、思想启蒙运动、宗教革命一直到工业革命，都是欧洲次子们的行为，他们得讨生活，所以欧洲的文化和我们很不一样。同样一个美术家，我们要在美术学院的教室画画，他们是跑到教堂前面，当场给你画一个像，你给我钱。学琴也是，我们一个小朋友在地铁前拉琴，肯定被骂。但在欧洲就是这样的，一个挺漂亮的小姑娘就在地铁前拉琴，为什么？因为欧洲都是这样讨生活的。在城市里，他需要的是全天候的工作，除了自由职业者，这么多的人在城市里，这个社会形态需要创造一种全天候的工作，工业革命创造了这样的机会。而我们的社会形态是什么？是农耕社会。农耕社会一半时间农忙，一半时间是农闲。农闲的时候干什么？就是手工业。编草鞋、做草帽，草编在水乡江南是很发达的，它们都是人们利用农闲时间做出来的。

第三，我之后发现这里面又有区别。我在上海社会科学院时，和景德镇有合作。原来我的想象中景德镇应该是像欧洲、英国一样的工业城市，专门做瓷器。当地人说景德镇人最初也是种田的，冬天把坯做好了，一年到收割完之后开窑烧瓷器，它本身也是一种农忙和农闲这种劳动时间的利用。这也造成了水乡江南和山区江南之间的区别。水乡江南相对比较单调，农闲时候做些草编产品、刺绣等。由于山林资源更丰富，山区江南农闲的手工业就多元化了，比如说雕刻，有砖雕、竹雕、木雕和石雕等。各式各样的手工业在江南是非常发达的。这个发达，难道说我们就是比英国的工业革命落后吗？不能这么说。英国是雇工劳动，我们做的是农耕社会的"文创产品"，所以手工业是中国在农耕社会的"文创产业"。我说这个话是有理由的。你跑到景德镇去看，景德镇做元青花"鬼谷子下山"拍卖了两亿多元。如果没有"鬼谷子下山"这个故事在其中，就是一个白色的瓷器，能卖两亿多吗？所以把瓷器做完之后，要把很多的文化融合进去，这不就是文创吗？中国自己的文化融进去了还不够，元青花中有很多图案实际上来自伊朗，所以我们不能妄自菲薄，说我们的手工业落后，英国的工业革命就是先进。这个观点不辩证。当然从劳动生

江南手工业是世界上最早的文化创意产业

产力来说，英国有它的先进之处。世界上文化创意产业最早是英国提出来的，什么时候？1998年。它是工业革命的发源地，现在中国的工业上去了，英国并不是太好，所以它倒过来搞文创产业，说明这个文创产业并不低贱，我们和他是倒过来的。我们原来的手工业很发达，工业和制造业不行，但是改革开放40年，我们的制造业上去了，远远超过他们。在这个方面，我们对大运河和江南经济的看法，不能以西方经济学的话语权来看。

黄宗智这个人讲得比较贴切，他讲的所谓"过密型经济"就是农忙的时候种地，农闲的时候发展各式各样的手工业。劳动力还是留在农村。而这些手工业，从江南经济发展起来的一千年以来，积累出来的是世界手工业的最高端——丝、茶、瓷。丝、茶、瓷在什么地方？就在江南这块地方，江南山区和平原交接的地方，比如湖州、杭州、景德镇，都在长三角。没有这些手工业

丝绸之路

支撑会有"一带一路"吗？最早"一带一路"首先是从陆地上出发的。骆驼商旅要把这些东西驮到欧洲去，这个运输成本非常高，骆驼驮不了多少东西。18世纪德国的历史学家的定义是"丝绸之路"，好多人说为什么不叫"瓷器之路"。我说一定是叫"丝绸之路"，为什么？两千多年前，丝绸比黄金贵，值得用骆驼不远万里贩到中东和欧洲去。所以，以"丝绸之路"为名作为一个起点是对的。

水稻文明有农闲、有农忙，孕育了中国江南的手工业。我们的手工制品还有一个是通过大运河往北京去的贡品，这当中又孕育了大宗商品，如果从这个角度去了解大运河和江南经济，伟大不伟大？当然是伟大的。

最后我做一个结语。

其实我们讲一个社会经济的进步有两种形式。一个是科创，

全面提升城市能级和核心竞争力，上海当好改革开放排头兵

一个是文创。文创是比科创更大的概念，科创是文创当中的一部分。文创在农牧社会时候早有，而科创更多是和工业革命结合在一起，两者都不能偏废。

我们从江南经济、江南文化走到今天的海派文化，我再加一个词：海派经济。在这方面，我们说要自主创新，既包括科技的创新，这块现在很重视，要解决"卡脖子"问题，现在我们都可以探索火星了。另外还有就是文创，这两者是不能偏废的。而这两者将构成上海发展当中的城市硬实力和软实力。我们讲科创更加推动上海的城市硬实力，而文创将进一步推动上海城市软实力的发展。

扫码观看《大运河与江南经济——江南文化何以成为中华文化的"第三个高地"》视频内容

赏江南文化，品运河之美

/ 郑 晶

郑晶，女，扬州中国大运河博物馆书记、馆长、研究馆员，江苏省"333"高层次人才，江苏省博物馆学会常务理事。2017年，赴美国克莱蒙研究生大学参加盖蒂领导力学院（GLI）高级管理人员培训。主要研究方向为博物馆学、博物馆社会教育，在省级以上刊物先后发表博物馆社会教育论文十余篇，出版相关专著。先后主持和参加完成了国家文物局、江苏省文物局等多项关于博物馆教育、博物馆青少年教育、文化创意等方面的课题。

中国大运河博物馆

　　非常感谢上海博物馆的邀请，给我一个机会和王战主席一起介绍运河文化。在这里，我借这样一个宝贵的机会向大家介绍一下中国大运河博物馆。

　　中国大运河博物馆是一个非常年轻的博物馆。在 2021 年 6 月 16 日对公众开放。中国大运河博物馆坐落在扬州，这是大运河的原点城市，也是当时大运河申遗的牵头城市，所以江苏在大运河文化建设的过程中，选址扬州进行中国大运河博物馆的建设。开馆后，中国大运河博物馆暂由南京博物院代为运营和管理。中国大运河博物馆占地 200 亩，建筑面积近 8 万平方米，一共有 14 个展览展示空间，非常欢迎各位有空到中国大运河博物馆来。

　　今天和大家在这里共同交流的主题是《赏江南文化，品运河之美》。

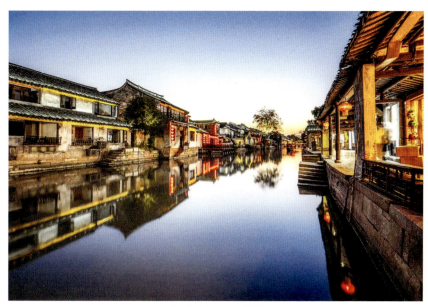

江南的"水乡泽国"

首先，江南是一个好地方，有很多溢于言表的词语都会用在江南中。江南是一个因水而生，也是因水而兴的地方。在大家的心目中，自然和谐、经济发达、文化繁荣、营造工巧、技艺精湛、生活富足等很多都能和江南发生关联。江南带给我们的既是牧童晚归的状态，也是可以撑着纸伞在细雨里漫步的意境。在江南地区，河海湖不同性质的特性在江南相互交织，在江南这个地方就有很多灿烂的长江文明。现在在江南地区还有一个非常重要的部分就是今天在这里大家共同讨论的大运河。

在远古的时候，先民趋利避害，利用自然水系去开凿人工运河，修建水利工程。在江浙地区良渚古城的水利系统，就具有防洪蓄水、灌溉农田、调节水系进行运输等的综合功能。良渚古城的水系是我国现存最早的、最大型的水利工程，也是最大的一个拦水坝系统。整个大运河流经华北平原、山东半岛、江淮地区和长江三角洲，尤其是江南地区，可以说它有"水乡泽国"之称。

其次，介绍一下江南运河的作用。众所周知，江南运河肇始于春秋时期，一直到今天都发挥着非常重要的交流和融合的作用。太湖的水乡是星罗棋布的，有水的地方就有非常美好的生活，有水的地方就有文化景观，有水的地方就有人文内涵。说到江南，首先想到鱼米之乡，我们就已经找到了距今五千五百年以前栽培的水稻。江南的鱼米之乡也奠定了长江文明的基础，这个基础就是水稻栽培和相应的渔业经济。那么运河又给我们带来什么？运河带给我们的是交融和发展。

现在我们的生活条件越来越好，生活条件的改善和运河有极大的关系。刚才介绍到运河是开凿于春秋时期的，一直到隋唐，特别是隋代，隋炀帝开凿大运河的时候就往洛阳地区进行开挖。到了元代的时候因为政治中心转移，就去往了元大都，这其中的一个核心就是大运河把江南地区和首都地区进行了沟通。大运河体现的是国家治理，国家治理最重要的内容就是体现了国家的意志，通过国家的意志让经济发达的地区和政治发达的地区进行沟通和联合。

大家现在看到的是中国大运河博物馆目前在展厅中展出的体量最大的一件文物——古汴河体量最大的横截面展品。这个展品高度18米，长度25.7米，也是早期策划博物馆的时候，在考古

经济发达地区和政治中心首都的沟通

隋唐的时候

汴河

是隋炀帝时开凿的通济渠，自隋炀帝开通大运河，汴河与黄河、淮河相连后，就源源不断地为开封输送物资，北宋依托空前发达的汴河水运定都开封，北宋京城也成了当时世界上最大最繁荣的城市。为了保证运河畅通，北宋朝廷每年都要维护汴河航道。

古汴河的河道横截面

南朝石刻与汴河河道剖面

铁瓮城高，道路纵横

大运河成为经济发达地区和政治中心首都的沟通

发掘的现场，我们所截取到的汴河的横截面。汴河是隋炀帝开凿大运河时期的通济渠。自隋炀帝开凿大运河的时候，汴河就与黄河和淮河相连，不断地为开封运送物资。在北宋时期，依托空前发达的汴河水运定都开封，北宋京城也成为当时世界上最大、最繁荣的城市之一。为了保证运河的畅通，北宋朝廷每年都会维护汴河的航道，也就是每年都要进行疏浚。在金元之际，黄河改道，宋金化淮为界，通济渠不再通航，汴河也日渐荒废。

通过这个地层截面可以清晰地看到，从古代到北宋时期的河道是逐渐淤积的，这也和经济息息相关。在经济发达的时候，大运河承担运输职能，它的疏浚做得很好，大运河的河道非常的宽阔。一旦经济衰退或者大运河河道有所改变的时候，疏浚就会受到影响。其实现在的古汴河已经消失在我们的视野中了，河道的变迁反映了历史上汴河是隋唐至北宋王朝的经济命脉，发挥了巨大的漕运、通商、文化交流的功能。

隋代回洛仓模型

　　大运河其实构建的是一个系统，只要运河存在一天，这个系统一直都有。春秋时期，邗沟和胥河是非常重要的两条河流。胥河沟通了太湖流域和长江流域，是和长江之间的一个非常重要的人工运河通道。运河的开通也出现了很多经济上的交流，正如江南运河的开通。江南运河开通之后，隋唐时期就把南方的粮食运到了东都洛阳和当时的都城长安。

　　这张图上大家看到的是中国大运河博物馆展厅中展出的回洛仓二分之一的仓体模型，对整个仓体的构造进行了还原。从仓体的剖面来看，可以获知整个粮仓建造的过程。隋炀帝在兴建东都洛阳的时候，在周边设置了很多粮仓用于存粮。随着大运河的修成，沿线修建了数十座国家粮仓，用于储存经大运河转运的江淮粮米。据记载，当时粮食的来源地就由江南地区的苏州、滁州、楚州，还有北方的邢州、冀州、德州等。展厅中是回洛仓的 1/2

"紫禁城与大运河"展厅

横截面，那么这个回洛仓到底有多大？回洛仓整体长1000米，南北宽355米，相当于50个国际标准足球场。图片上看到的是其中某一个仓体，每一个仓体存粮的级别可以达到50万斤，像这样的仓在仓城中一共有700多座。我们可以想象一下这么多的粮食怎么运送？其实粮食的运送体现的就是国家意志。

两千多年前，大运河以其沟通南北、漕运货运强大的作用，孕育了沿岸各个城市的文化。对于大运河的终点紫禁城来说也有着非常重要的意义，因为紫禁城中有很多大运河的符号。在中国大运河博物馆也有一个展厅，叫作"紫禁城与大运河"。原故宫博物院院长单霁翔先生也曾经说过"紫禁城是从大运河上漂过来的城"，确实如此。比如故宫的建筑就是出自江南的香山帮，紫禁城地面铺的金砖来自苏州的陆慕镇，陆慕镇有专门的御窑，当时专门用来烧制金砖，由此带来了生活方式的变化。

常年航行于运河上的船只，少则数百艘，多时有三千余艘。当时在运河上，航运非常繁忙，络绎不绝，昼夜不歇，天下美物都聚集于紫禁城。在我们的展厅中就用清宫瓷器展示了运河上的运输往来，一部分明清的官窑瓷器是由大运河运抵首都北京的。大运河是瓷器贸易运输中非常重要的一环。早先的运输路线是陆路为主，到了明末就改陆路为水陆。清朝时期，景德镇的瓷器是通过大运河向北京进行运输的，运输的方式也由传统的官船改为雇佣民船，也不再派军户或者征役夫搬运，而改为雇佣劳役。在这个展厅中所展出的清宫瓷器反映了大运河在瓷器运输贸易过程中的重要作用。

　　一方面可以说大运河把江南的物资运输到了首都。另一方面首都也把很多非常重要的内容通过大运河带到了江南，带动了江南经济的进一步发展。

　　到了元代，大运河已经发挥了非常重要的作用，使得江南所有的城市和乡镇都出现了与运河非常密切的关系，比如现在常州的护城河，就是当时运河的一部分。这样，运河就和常州人民的生活建立了联系，这种联系带动了经济的发展，带动了人民生活水平的提高。到今天，常州人民还有一个活动叫"走大运"，沿着大运河沿线道路行走，成为人们日常行走的步道，人们每天在这个步道上锻炼，简称"走大运"，它代表着运河与人们美好生

大运河和人们美好生活息息相关

活的联系。

第三方面，谈谈大运河所带来的文化交融。通过运河，我们会发现特别是在江苏地区，非常重要的一些文化遗产，包括历史文化街区，名镇、名城、古村落基本上都是在长江和运河沿岸。运河在江南其实带给了我们非常重要的东西——美好生活的状态。在这样的城市面貌中也带给江南很多美好的生活，出现了一大批的水乡古镇，其中有大家非常熟悉的同里、甪直、周庄、千灯等，都体现了江南人民美好的生活状态。

经济发达了，文人就开始了创造。今天可以看到江南地区是生活非常繁盛的状态，人的交流就会带来生活方式的融合和非遗的传播。在中国大运河博物馆中就设有一个关于大运河非物质文化遗产的展览，它所体现的是大运河不仅是连接南北水陆的大命脉，还是一条流动的文化之河。在非遗展厅中，能够看到很多和运河相关的非遗板块，比如戏曲板块。戏曲的传播和运河也是密不可分的，素有"水陆即戏路"的说法。随着京杭大运河的贯通，南北戏曲开始交流和融合，并且兴盛，其中就包括昆曲。昆曲原名昆山腔，14世纪中期产生于江苏昆山一带，万历年间以苏州为中心进行扩展，随后随着运河流入北京，成为明代到清代中叶影响最大的一个剧种。京剧又有国剧之称，1790年为庆祝乾隆皇帝八十寿辰，徽班经过扬州沿运河前往北京，吸收了各地戏剧的精华，包括秦腔、京剧等等，并且与北方的语言相结合，形成了现在的京剧。展厅里可以看到昆曲《牡丹亭》和京剧《霸王别姬》的戏装。戏装制作的技艺，包括戏衣、鞋履、刀枪等等都是国家级非遗。中国的木偶兴起于汉代，到唐代的时候，能使用木偶演出歌舞戏。木偶制作工艺和操作技艺在宋代得到了发展并且趋于成熟。明代，木偶戏流传到了全国各地，运河流经的南方富庶之地都使木偶戏更为繁荣。木偶戏是演员在幕后操纵玩偶为形式，演员一边在幕后操作木偶一边演唱，并配以音乐。根据木偶的形态和操纵技艺不同，分为布袋木偶、帐篷木偶。扬州的帐篷木偶堪称一绝，也是现在国家级非物质文化遗产。展厅中展出了扬州帐篷木偶的经典曲目比如《嫦娥奔月》和《三打白骨精》，

戏曲的传播

观众也可以在展厅中自己操作帐篷木偶和提线木偶，感受不同的木偶操纵带来的乐趣。

在鱼米江南，年画题材也是多彩多样的，并且延绵了千年。在展厅中，有非常纯粹的色彩描绘我们最虔诚的祈愿。雕版印刷、毛笔、国画颜料制作等技艺尤以大运河流域的扬州、湖州和苏州地区为佳，还有制作精巧的苏扇、织染工艺等，都是灵动的大运河河水所孕育的。展厅中所展示的各色脂粉、铜镜等女性用品，也是沿着运河远销到各地，装点了运河两岸女性日常的生活。现在为大家非常熟知的扬州漆器，也是融合了运河中南北漆器不同的特点，既有南派漆器的娟秀，又在产品的造型和气势上

苏 扇

有北派漆器的雄浑和厚重。

　　中国的制扇历史十分的悠久，运河沿线的江苏、浙江地区都是主要的产地。苏扇有折扇、檀香扇和绢宫扇三大类，我们统称为苏州雅扇。折扇扇骨的造型也是折扇工艺中的重中之重，有浅刻的浮雕和镶嵌等等。檀香扇是以非常名贵的檀香木为原料，香气怡人，富丽华贵。

　　大运河作为中国古代交通的大动脉，不仅促进了中国经济的发展，还发挥了文化交融的作用，其吸纳了沿线各个地方文明成果，然后积淀形成了内涵非常深厚、千姿百态的运河文化。运

民俗文化

河又以非常博大的包容性和开放性，给沿岸的城市带来了勃勃生机，形成了千姿百态的民俗文化和节令文化。运河沿线的岁时节令也蕴含着先民们对自然科学的认识，农业社会中生产、贸易、信仰等活动的智慧结晶，都在节令文化中有所反映。在运河沿线的很多庙会庆典，都是优秀传统文化的表现形式。这样的节令和庙会文化往往与集市的贸易活动相结合，具有文化传播、商业交流、休闲娱乐的功能，体现了大运河沿线的民众对于平安幸福生活的美好向往。

　　大运河的南段是江南运河和浙东运河段，该段沿线城市非常富庶，建筑遗产非常密集，人文景观也非常的丰富，不仅商业繁荣，水巷繁多也是这个地方独有的景象。江南运河和浙东运河段都始凿于春秋，一直是大运河非常重要的航道，同时还承担着南粮北运、北货南输的重任，是唐宋以来历代王朝非常重要的赋税供给之地。经济的繁荣也催生着工商业的发展，刺绣业、丝织业、棉布业、粮油业、酿酒业、草编等行业百业兴旺，同时文化也随之繁荣。比如我们熟知的藏书楼、会馆园林等文化场所也遍布运河两岸。江南和浙东地区也有着非常良好的地理条件，运河流经的地方水网密布，气候适宜，土地肥沃，鱼米丰盛，两地也有很多著名的粮仓，包括民居都是依水而建的。这个展厅呈现的是大百科全书式的整个运河的情况。

"因运而生——大运河街肆印象"展览是通过城市景观再现的方式，勾画了运河两岸城镇的面貌以及生活的状态。这个展览分为四个部分：第一部分展现的是隋唐时期运河沿岸城镇的风貌，也是城镇的景观，分别是唐代的洛阳和宋代的开封；第二、三部分展现的是明清时期江南运河和浙东运河；最后一部分是以淮安和扬州为代表的江淮地区。江南地区是因运河而生，也因运河而兴的地区，特别是在江南地区的建筑，出前门可以上桥逛街，出后门可以洗菜下船，倚窗晾衣养花，靠岸下棋喝茶。所以在这个展厅的最后一段，给观众展现的是江南水弄堂的格局。在

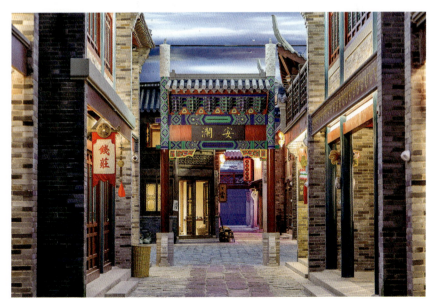

"因运而生——大运河街肆印象"展厅

这里也融入了江南地区水乡人民成长的记忆，没有大运河，就没有现在江南地区两岸人民美好的生活，江南地区人们至今也是"活"在大运河之畔。

江南地区的人民是"善舟楫"的。图片是中国大运河博物馆"运河上的舟楫"展厅。船是运河中非常重要的载体，展厅前半部分展出了运河上近百艘运河船只的模型，由国家非遗大师制作，按照船只发展的历史和类型的不同，给观众梳理运河中船只发展的状况。展厅的后半部分层高非常高，近 17 米，在其中设置了一艘运河上真正的沙飞船。据说，沙飞船据是当时的扬州一位名叫沙氏的工匠所制作，他善于制作沙飞船，船便以他的名字命名。沙飞船的航行速度非常快，当时在运河两岸，人们乘坐沙飞船听戏或者品尝运河美食，以这样的画舫形式运用在运河两岸中。这个展厅也运用了很多新技术手段，为观众带来了全沉浸式展览的体验。观众可以通过沙飞船周围的环幕，感受到运河从北京开始一直到杭州，两岸人民美好的生活。对于善舟楫的江南人民来说，河流就是他们的道路，船只就是他们的车马。

所以，河就是路，路就是河，运河就是江南的路，从某种意义来讲，有了运河的江南，才有了现在的新上海，才有了江南地区的新常州、新宁波，才有现在新的长江三角洲的发展，这应该是一点都不夸张的。我们看到的高楼大厦，都是来自运河上驳运的石材和沙料，在运河上天天运，时时运，运了几千年，在当下，在将来也会一直运下去。

扫码观看《赏江南文化，
品运河之美》视频内容

主要参考文献

［1］ 陈述知.运河流域非遗策展与运营探索——以"大运河非物质文化遗产"展为例［J］.东南文化，2021，No.281（03）：142—147.

［2］ 单磊.大运河文化影响下的江南民宿地域性意境构建［J］.文化创新比较研究，2021，5（36）：162—165.

［3］ 龚良.中国大运河博物馆的建设定位和发展要求［J］.东南文化，2021，No.281（03）：119—124+190+192.

［4］ 林留根.历史、本体与象征："大运河——中国的世界文化遗产"策展［J］.东南文化，2021，No.281（03）：136—141+191—192.

［5］ 南京博物院，中国大运河博物馆编.中国大运河博物馆［M］.南京：江苏凤凰文艺出版社，2021.

［6］ 钱钰，戴群."城市历史景观再现"展览模式探索——以民国馆和"因运而生"展为例［J］.东南文化，2021，No.281（03）：148—154.

［7］ 张莅坤，田甜.构建博物馆数字沉浸式展览的研究与实践——以"运河上的舟楫"展览为例［J］.中国博物馆，2022，No.148（01）：67—72.

第三讲

古代"江南才子"与江南人文

时间：2021 年 8 月 9 日　14:00—15:30

嘉宾：骆玉明　凌利中

媒体支持：人民网

江南文化与明代江南才子

/　骆玉明

　　骆玉明，男，毕业于复旦大学中文系，现为复旦大学中文系教授、博士生导师，兼任《辞海》编委、中国古典文学分科主编。被评为上海高校名师。著有《简明中国文学史》《近二十年文化热点人物述评》《纵放悲歌——明中叶江南才士诗》《老庄哲学随谈》《世说新语精读》《诗里特别有禅》等；与章培恒共同主编《中国文学史新著》（三卷本），合著《徐文长评传》《南北朝文学》等。其中《简明中国文学史》被译为英文，在欧洲最著名的学术出版机构博睿（Brill）出版社出版；《中国文学史新著》被译为日文，在日本关西大学出版社出版；《诗里特别有禅》被译为韩文，在韩国星辰出版社出版。另有合作翻译日本学术著作数种，发表学术论文数十篇，学术随谈等各种文章数百篇。

我今天讲的题目是"明代江南才子与江南人文"，我集中讲的是江南才子的诗。

我演讲的题目里有三个词，一个是江南，一个是明代，一个是才子。先说说这三个词。

江南首先是一个地域概念。但"江南"所指的地域范围不是很固定，有的时候指范围比较大，从宜昌往东的长江以南地方都可以是江南。而我们平时说得最多的江南，跟现在讲的长三角有点相似，大概的地域范围是江苏的南部、浙江省和安徽南部、江西省这样一个区域。

江南这个地域有什么特点？江南的开发和发展历史很悠久。从晋室南渡以后，江南得到了开发。元明以后，江南经济还出现了一个很大的变化，城市文化和商业文化在全国发展得最快，形成了一种地域特色。

整个中国古代传统社会是以农业文明为基础的社会，它有一个基本的结构，就是以皇权和官僚体制作为一个国家的中心，而它的社会基础就是农业文明。在这样一个社会结构下，一个文化人、一个读书人，他人生最重要的选择和一个人生成功的标志是什么？就是读书、做官。读书、做官既是为国家服务，也是个人成功的一个体现。在这种体制下，文人对国家政权有比较强的依附性，体现他个性的发展受到比较多的限制。

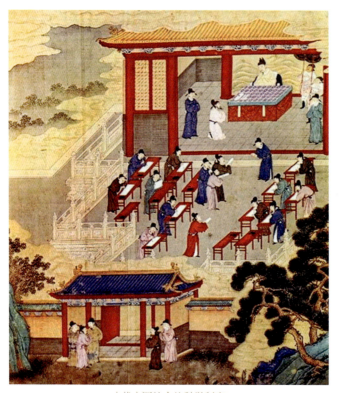

古代中国社会的科举制度

　　我在这里可以举一个例子，就是陆游的家训。他说"仕宦不可常"，就是说你不能保证你的子弟永远都能读书和做官。如果不能出仕，不能做官，那么就去务农，但是千万不可以成为市井小人。什么叫市井小人？也就是说成为商人，成为做买卖的人。在中国古代传统社会体制里，商人是受到轻视的，但是这种情况在中国古代社会发展的过程中发生了变化，这个变化主要就是产生在江南，也就是江南的城市越来越繁荣，江南的手工业和商业经济越来越发达。中国古代社会从原来农业文明的传统向近现代方向转化，在这个转化中，就给城市经济、城市文化的发展带来机遇。这样一个发展会给文人的生活带来什么？我们回到陆游

江南发达的商业经济（选自《姑苏繁华图》）

浙江湖州南浔古镇

说的"仕宦不可常"。如果不能从事仕宦，那么就去务农，去守着你的田地。但是在江南的文化中，传统的士大夫有一种新的选择，有一种新的人生方向。

刚刚说了第一个词——江南。现在说"明代"，为什么说明代？江南的经济文化发展有很长的历史，我们也可以说到东吴的陆机，他是上海松江人，但是时间不够，我们就集中到一个点，也就是明代。

明代的特点是什么？明代特别是到了明代中后期，江南的城市经济和城市文化高度繁荣，它显示出一种很强烈的脱离农业文明而具有近现代城市气息的面貌。江南有些城镇，比如湖州南浔，它甚至都不是一个县城，但是它非常繁荣，这个繁荣的基础是什么？就是丝织业。江南的城市在明代中后期，显著地向经济

苏州状元，甲冠天下

城市这个方向转化。这个转化过程也包含上海。当然我说的上海是现在上海的地域，而不是原来的老上海城，现在的上海包含松江。松江在明代是一个非常重要的经济城市，是一个经济文化非常发达的地方。

明代的江南城市，不是说它一下子就转化成一个现代的商业城市，它和传统文化还是有关联的。我说一点，大家就有体会。在清代一共出了114位状元，有49位状元是江苏省的，其中苏州出了26个。苏州的人口大概不到全国人口的1%，出的状元的比例是23%。所以有个笑话，有人问苏州特产是什么？苏州特产是"状元"。我们也可以看到苏州已经是一个经济城市转化很明显的城市，它和传统文化的关联还是很深的。大多数的士大夫，他们的人生选择仍然是我刚刚说的读书、做官，服务于国家，服务于朝廷，同时也以此来求得自己的人生成功。

但是，另外一个现象就是我要说的"才子"。才子是一群什么样的人？才子这个概念当然很早就有了，比如元代有一本书叫《唐才子传》，记载了很多唐代诗人的事迹，但是这个才子是泛指有才华的人。而明代的才子有一种特殊的含义。特殊的含义是什么？作为明代的江南才子都是一些为人比较随性、放任，比较自由，不太遵守传统的礼法，个性的表达比较强烈，而且在艺术上有相当成就的人。所以我们说明代江南才子的时候，我们需要把它当作一个特殊的人群来看待。

我们今天要讲的江南才子是祝允明、唐寅、文徵明和徐渭四人。

说到这四个人，先说一件事。如果你关心过去的民间传说和民间故事，或者说曾经听老人讲过这类故事，你会知道这些人有很多传说。比如说唐伯虎点秋香的故事。顺带说一句，从有记载来看，秋香是一个上海人，跑到苏州去进香，当时苏州是一个中心城市。在浙江，徐渭的故事也很多。为什么会围绕这些人产生这样一些故事？是因为这些人的个性、风格和艺术趣味和市民社会有相通的地方，所以民间喜欢拿他们来编故事。这四个人都被称为才子，有的人还自称才子。唐伯虎有一方印，刻的是"江南第一风流才子"，他觉得才子对他来说是一个自我认可的、值得骄傲的称呼。

我们再来说这四个人还有什么样共同的特点，可以把他们放在一起来说，这些特点又怎么样和今天的主题相互结合？那就是，这四个人有一个共同点，就是仕途不顺利。

祝允明情况最好，中过举人，但是中了举人之后，他反复地考，考到50多岁都没有中进士，后来不考了，为什么不考了？他儿子中了进士，自己再去考进士，他觉得有点丢脸，就没再考了。明代的举人可以做官，但是举人做官地位比较低，在官场上也不太受人重视。祝允明在广东的惠州地方做过兴宁知县，做得很不顺，之后又到应天府做了通判，也做得不舒服，但从他们四人中来说，还是仕途相对比较顺利的。

唐寅，也就是唐伯虎，他开始的时候很得意，我们知道唐伯虎有一个称谓叫"唐解元"。解元是什么，就是乡试的第一名，就是考举人的第一名。应天府的乡试是非常难的，因为它是江南秀才的考场，所以应天府的乡试考中第一名是非常了不起的。但后来出事了。他进京考进士的时候，和有名的徐霞客的高祖徐经一路同行。徐家是很富裕的。徐经买通了主考官，得到了考题，考题泄露的事后来被查出来了，这些人都受到了处分。唐伯虎也受到了牵连，把他从秀才到举人的资格都取消掉了。

文徵明是一个很有才华的人，也一直没有考中举人。后来通过别人的推荐，做了国子监的贡生，国家最高学府的生员。贡生也算是一种资格，凭这个资格可以做小官。文徵明后来被推荐为翰林院待诏，这个就是为宫廷服务的画师，这也让他觉得不舒服。

徐渭从小就是大家公认的神童，但是科举特别不顺利。他年轻时候的同伴和同伴的儿子，考试都考得特别好，出了两个状元。做官做得最大的是他一个老朋友的儿子，做到内阁首辅大学士，类似于首相这个职务。还有的做到礼部侍郎，还有做到兵部尚书的，而他这个神童连举人都没有考中，考到最后都没有趣味了。

这些人都是在科举上不成功的人。那么他们的人生出路在哪里？他们怎么样获取自己的生活资源和人生成功？按照陆游的说法，仕宦不成功就该去种地。但是明代中后期的江南提供了一个新的基础，就是城市经济、城市文化和市民社会，这个可以成为他们的一个新的生活基础。所谓新的生活基础，就是他们可以从这里获得生活资财，也可以获得一种人生成功。他们的成就得到人们的承认，并且他们能够确认自己的成功是有意义的，是有价值的，是可以传之于世的，这个基础就是江南城市和江南文化。市民社会和城市经济为这些文人提供了一种经济基础和人生成功的保障，这个对于他们的艺术创造非常有意义。

　　一个画家向市民社会提供画作的时候，他也需要考虑别人的趣味和别人的要求。但是他服务的对象是非特定人群，并不是一定要事先严格地遵守买主的要求去创作，他可以更多地表达自己的东西。那种自我表达的东西拿到市场上，和合适的买主构成一种交易，一种艺术品的买卖。而当一个画家服务于特定主人的时候，他会受到更多的限制，比如说宫廷画家，宫廷画家是服务于特定的对象，比如皇帝或者达官贵人，必须严格地按照他们的趣味去创作。

　　艺术最高价值的体现，是人类一种创造精神的表达。作家只有拥有更多自由的时候，他的作品才更具有一种创造性的意义。我们注意到这里面一个有最根本的问题，一个艺术品真正的价值是人类的一种创造力的表达，而这种所谓创造力的表达，是通过一个具体的作家，通过这个作家个性的体现来实现的，艺术的价值就在这个地方。因此一个艺术家受到的约束越大，他创造的体现就越弱，作品的价值也越低。我们从这个角度去理解江南经济、江南文化和江南才子的关系，从艺术的角度去看江南文化的发展对中国艺术的影响。

　　我们说了江南、明代和才子。这三个话题背后包含一个大的问题，就是中国文化的发展过程和中国艺术发展的关系。下面，我们通过讲几首诗来了解他们的性格和趣味。

【其一】

枝山老子鬓苍浪，万事遗来剩得狂。

从此日和先友对，十年汉晋十年唐。

"口号"就是脱口而出的诗。枝山是祝允明的别号，因为他有六个手指。枝山自称是"老子"，这是一种比较狂妄性格的表达。鬓上的头发已经斑白，什么东西都放弃，就是人生的一切追求都不在乎了，还剩下一个什么？还剩下一个狂。狂是才子的一种个性，也是才子的一种自我标榜。所谓狂，也就是不受社会规则的拘束，过一种自由放任的生活，对世间的一切都不再追求了，那么追求什么？从此日和先友对，这个先友是指古代的先人，从此以后我只跟古人做朋友。十年汉晋十年唐。古人中最感兴趣的是什么？是汉晋，是唐，这个和祝允明对中国古代文化的看待有关系。祝枝山有一个看法是"宋无诗"，也就是宋代没有诗，当然这个不是对宋代诗的一个客观地评价，喜欢宋代诗人的人也很多，我们也不必要拿祝允明作为标准。但是他说这个话的时候，他的意味是什么。就是说在祝允明看来，中国的文化在汉唐都是非常开阔壮大，富有生气的。中国的文化到了宋代以后就变得拘谨了。同样的例子，比如说李白、杜甫。李白更伟大一些还是杜甫更伟大一些，这个没有准确答案，要看个人的爱好。而在祝允明看来，李白是高于杜甫的，为什么？李白比杜甫狂。

【其二】

不裳不袜不梳头，百遍回廊独步游。

步到中庭仰头卧，便如鱼子转瀛洲。

这个世上没有什么特别了解自己的人，也没有特别值得交往的人。要么和古人交往，要么和自己交往。自己在庭院一圈一圈的转悠。走到庭院中间的时候，倒地睡下来。这里面有一些禅的意味在里面，就是说当人和周围的世界产生一种脱离，也就是说当人的精神不受周围种种因素干扰的时候，人的精神会进入一种纯净的境界。这个时候，人是非常自由的。最后一句说就像小鱼儿在水里自由地流动，那么快乐，那么自在。这个诗里所表达的是人的一种最美好的状态，是摆脱周围一切力量的束缚时，一种纯然的状态。

【其三】

蓬头赤脚勘书忙，顶不笼巾腿不裳。

日日饮醇聊弄妇，登床步入大槐乡。

整首诗反映的是摆脱世俗的规则、利益，回溯到人性一种

纯粹的自由。当然你会问人哪里可能摆脱束缚和焦虑？但是我们可以这样理解。人有时候需要进入这样一种境界，在这样一种境界中唤醒生命当中自由的创造力量。我们看祝允明的书法，他有时候写得非常的狂放，而这种狂放书法中表达的力量就是自由的力量。

唐寅《桃花庵歌》

桃花坞里桃花庵，桃花庵下桃花仙；

桃花仙人种桃树，又摘桃花卖酒钱。

酒醒只在花前坐，酒醉还来花下眠；

半醒半醉日复日，花落花开年复年。

但愿老死花酒间，不愿鞠躬车马前；

车尘马足富者趣，酒盏花枝贫者缘。

若将富贵比贫贱，一在平地一在天；

若将贫贱比车马，他得驱驰我得闲。

别人笑我忒疯癫，我笑别人看不穿；

不见五陵豪杰墓，无花无酒锄做田。

我们知道明代有一个大诗人叫王世贞，王世贞说唐寅的诗像"莲花落"，就是乞丐唱的俗曲，看不起他。其实唐寅不是不会写那种严谨的、雕琢的诗，但是他觉得写这样的诗他更快活，更自

在。这样的诗我不需要多解释，读的时候就可以感受到。桃花坞是他的住处，现在还有这个地名。

这个诗，你说写得很好，也不能这么说。但是它有一种趣味，他也不愿意讲究，也不愿意做作，也不愿意为了寻求精妙的句子去斟酌，他觉得随口地唱就可以唱出自己的自由自在、放任不羁的态度和乐趣，他觉得在这个世上追求富贵，那是对自己的拘束和压力，甚至是对自由生命力量的阉割，是没有意义的。如果我们仔细考虑，我们当然可以知道这些人是传统的士大夫，他们人生的目标就是传统的目标，就是在仕途中追求人生成功。问题是在仕途上失败之后找到了另外一种生活方式。当然我们可以说他被迫进入这种生活，并不是自愿的。比如说真正的理想生活还是功成名就。但是他走在那条路上失败之后走到了另外一条道路，不能说这条道路就是纯粹的一种自我安慰、自我修饰，他在这种生活中发现了他的乐趣，这种乐趣就是在传统的农业文明社会中所缺乏的自由放任，而这种自由放任，我刚刚说它的意义就是创造力的解放。

我刚刚说这些人都有很多的荒诞、滑稽、放任的故事，文徵明没有这类故事，文徵明这个人的性格比较温雅、拘谨，他本身也是出生在一个传统士大夫家庭，他的传统修养在他身上比较浓厚一些。他的诗也更符合传统一些。我选择这首诗有什么意味？

这首诗表达了人在世上的一种被迫的苦恼。

文徵明《行色》

秋山马前空复横，马蹄不作看山行。

悠然回首何处所，此心已到他州城。

灯火匆匆鸡一声，贵贱富贫俱有程。

相看一语出不得，细雨欲落空江明。

简单说行色，就是旅行中的所见所闻和感想。走在路上，眼前又出现了一片秋山，但是自己却无意看山。我们知道山水诗是中国非常大的一个流派，在山水诗中，人们常常表达的是摆脱世间拘束和自然相融的快乐。但是文徵明的这首诗想告诉我们，人在世上所有各种各样的束缚和压迫，并不是有山在前就可以观山，你有很多事情要去做。这个马不停地走，那不是马要走，是人要它走。人骑着马不停地走，也不是人自己要走，是这个世界要他走。你要在这个世上找到自己安身立命的方法，你要在这个世上追求一种成功，你要为你自己所追求的目标付出种种努力。

悠然回首何处所，此心已到他州城。这个悠然是指漫长的道路。你回过头去看漫长的道路，那是什么地方？一路过来都不记得。心里想的是什么时候能够赶到我要去的地方。

灯火匆匆鸡一声，贵贱富贫俱有程。天还没有亮，鸡刚叫了一声就出门了。地位高的人，地位低的人也好，每个人都有他的行程，每个人都在这个世上都有他要走的道路，这个道路不是你选择的，它是由命运决定的。

相看一语出不得，细雨欲落空江明。对着山，这个时候想要说什么，也不知道说什么。就看到天灰蒙蒙的，雨将要落下来。所谓明，就是一片透亮的光彩。

这首诗跟前面祝允明、唐伯虎的诗做一个对照，它是写的生活的另外一面，这另外一面人是生活在一个被迫的行程之中。在这个过程中，人有多大的机会，有多大的可能获得自己的自由，所以这个话题也就是祝允明的话题，也就是人如何能够获得一种自由自在的生活。

最后讲两首徐渭的诗。《题墨葡萄》这首诗很有名，因为画很有名，徐渭画有一种强烈的个性风格。

> **徐渭《题墨葡萄》**
>
> 半生落魄已成翁，独立书斋啸晚风。
> 笔底明珠无处卖，闲抛闲掷野藤中。

我前面说过徐渭在科举上一生特别不顺利，开始考一个秀才都考得磕磕绊绊的，考个举人，考到老也没有考成。最让他想不通的就是他周围的朋友以及朋友的孩子，一个个都考得特别的顺畅，仕途发达，这是他想不通的问题。但反过来说，曹雪芹如果太顺利了也就写不出《红楼梦》，徐渭如果太顺利了，也无法成为中国历史上一个地位独特的画家。我们知道齐白石有一个印，刻的就是"甘为青藤门下走狗"，青藤就是徐渭，甘为徐渭的走狗，就是对徐渭佩服得不得了，徐渭在中国画史上的地位非常的崇高，所以他也想不通这个世道是怎么回事。独立书斋啸晚风是一种很傲然的，对这个世道不满的一种表达。这个形象非常具有一种视觉感。

笔底明珠无处卖，闲抛闲掷野藤中。笔底明珠在这里是指自己的才华。说自己的才华无处卖，所谓无处卖就是没法得到实现。闲抛闲掷野藤中，随便地把它抛掷在葡萄藤上。我们在这里当然可以这样讲，如果徐渭一生的仕途很发达，像他的少年伙伴一样做兵部尚书，他是不是还能在历史上留下很了不起的成就？对中国文学和中国艺术还能有那么大的贡献呢？也很难说。正是因为所谓的仕途不平，人生失意激发了他的不平，而这种不平激发了他的艺术创作，他意外地获得了成功。

徐渭《五月燕京诗》

石榴花开街欲焚，蟠枝屈朵皆崩云。

千门万户买不尽，剩与女儿染红裙。

徐渭也画过很多石榴花，也是他擅长的，石榴花有一个特点就是非常的热烈，这种热烈的东西特别适合表达奔放的心情。

石榴花开街欲焚，蟠枝屈朵皆崩云。这个很有力量感，石榴花开的时候，整条街像大火燃烧一样。蟠枝屈朵，石榴的枝条是弯曲的，石榴花的花瓣也是多折和线条复杂的，从蟠枝中开放出热烈的花朵，不知道大家是否可以体会到这种受到压抑和拘束的力量迸发出来的热烈。这是徐渭所喜欢和热爱的。

千门万户买不尽，剩与女儿染红裙。从这里联想到女孩子的石榴裙。大家记得《红楼梦》里香菱穿过石榴裙。从石榴花到石榴裙是一种跳脱的联想，这里面勾连的是美好的热烈的生命。

最后，我总结成一句话：在中国古代社会，从传统的农业文明向一个现代方向转化的过程里，江南文化起了一种独特的作用，这种江南文化的背景下，诞生了像祝允明、唐寅、文徵明、徐渭这样的艺术家。这些艺术家的创造体现着中国历史文化发展过程当中一个关键阶段的创造力量，而值得我们珍爱的就是这种艺术所体现出来的中华民族的创造力。

扫码观看《江南文化与明代江南才子》视频内容

江南文化中的水墨写意精神——从上海"吴门前渊／先驱"到徐渭

/ 凌利中

　　凌利中，男，上海博物馆书画研究部主任、研究馆员，中国美术学院博士生导师、故宫研究院客座研究员。曾任波士顿美术馆（2006）、大英博物馆（2007）、佛利尔美术馆（2013）、德国海德堡大学（2017）访问学者。多年来从事古代书画鉴定与研究，发表《从惠崇到赵大年：析"惠崇小景"暨〈江南春图〉卷考》《〈丹山纪行图〉卷作者考》《王渊〈水墨木芙蓉图〉真迹的发现》《〈畿甸观风图〉卷作者考》《文徵明家族的文脉及早期艺术活动》《董其昌〈各体古诗十九首〉卷辨伪及作者考》《王原祁题画手稿笺释》，与了庐合著《文人画史新论》等论著60余篇。主持"海上三部曲"——《万年长春：上海历代书画艺术特展》（2021）、《丹青宝筏：董其昌书画艺术大展》（2018）、《吴湖帆书画鉴藏特展》（2015）及其国际学术研讨会等。

非常感谢骆玉明教授的精彩演讲，我的题目是《江南文化中的水墨写意精神——从上海"吴门前渊／先驱"到徐渭》。这个话题，根据骆教授主讲的文徵明、祝枝山、唐伯虎和徐渭，即江南才子的代表人物，我从绘画的角度来梳理，尤其是徐渭的写意花卉画的渊源与脉络。

刚才骆教授全面地、精彩地介绍了这四位才子的诗文，尤其是他们充满诗意的人生。实际上，诗性的江南，尤其是太湖流域、长三角地区，这也正是中国文人画大写意花鸟画得以孕育、生长与别开生面的主要地区。

中国画主要分为三大画科：山水、人物、花鸟，但是它们的独立成科、成熟鼎盛期是不一样的。

最早成熟的是人物画，汉、唐就独立了，而且达到了巅峰。我们知道唐代的人物画，这跟绘画的功能有关，早期的绘画有社会教化功能，即唐张彦远"成教化、助人伦"之说。花鸟画、山水画那时候还没有完全独立成科。尤其是唐代山水画，更多是作为人物画的背景，显得很稚拙。我们看敦煌壁画，树木"若伸臂布指""人大于山""水不容泛"等。我们看孙位的《高逸图》，背后的芭蕉、树石等画法尚处于探索期，没有独立。山水画的独立时期是在晚唐、五代，两宋的山水画，产生了南北画派，并达到了高峰，写意山水画鼎盛期为元代。花鸟画稍晚一点，差不多在

明　徐渭　《墨葡萄图》轴

五代、宋初。而水墨大写意花鸟画的成熟是最晚的，鼎盛期是晚明，代表人物就是徐渭。

今天我借上海博物馆这次展览——"上海历代书画艺术特展"，对水墨大写意花鸟画第一次进行学术梳理。我最大的一个体会是我们对元末明初到吴门画派创始人沈周之间的一百年画史有一个新的探索。以往这段美术史是语焉不详。我们知道长三角地区，元初的文人画史很清楚，主要是以钱选、赵孟頫为代表，围绕湖州、杭州地区。元代中期的成就以元四家为主。到了元末与明初以后，其脉络不甚清晰。明初，我们知道朱元璋对江南文人的态度严苛，把苏州很多的大户人家、世代的贵族迁掉，迁到他的老家去。那些江南的文人才子贬的贬，杀的杀，所以在绘画上反而是恢复了两宋院体——"黄家富贵"为主，以写实为尚。文人画家干什么去了？叫在野。直到沈周时代，政治宽松了，所以苏州兴起了吴门画派。从沈周、唐伯虎、文徵明到徐渭，文人画史是不断的。而以沈周为代表的吴门画派，其源头可溯至元末的上海，因为，元末的上海恰恰不是兵家必争之地，用文徵明的话来说，当时"鸿儒硕彦，皆避地于此"这里的"此"，是指松江。所以，虽然元代的文人画史不到百年，上海地区在元末则起到了薪火相传的作用。

我今天的话题，就从写意花鸟画的脉络中寻找上海艺术家的

万年长春：上海历代书画艺术特展

身影。我们从《墨葡萄画》入手，讲到它的创始人，或者先驱，我等一下讲是谁，和上海有关。

　　许多业内人士看到这幅画，他们的第一反应就说是吴门画派风格，甚至会说出自是沈周之手。我们通过一些新的资料，答案是，吴门画派的画家受到这件作品作者（马愈）的影响，尤其是沈周。我告诉大家，他是上海人。当然今天不是讲山水画，我讲花鸟画，花鸟画中有没有存在改变我们以往认识的现象？有。同样是这个画家（马愈），他画的写意花鸟画，也是荷花，如果我们不知道这个前因后果，会认为这个东西是不对的，太早了，认为应该是沈周之后的。

　　我今天讲四个方面：第一，花鸟画的宋元之变；第二，元代"墨花墨禽"；第三，上海"吴门前渊／先驱"；第四，从"明四家"到"青藤、白阳"。

宋　佚名　　　　　　　　　　　　清　八大山人

我们知道陈淳是文徵明的学生，没有陈淳陈白阳，也没有徐渭。我试图在本次演讲中填补一些空缺，也作为自己的观点与在座各位探讨。

一、花鸟画的宋元之变

这是一幅宋画，是古典主义绘画的高峰，后世很难超越。它的画法是工笔，崇尚自然与写实，"写实"对应的是"写意"。

这里面的变化在哪里？主要是绘画的内容有所转移了。左边的宋画，我们感受到的是自然物象的生命力，画家感受到了荷花的清纯，很含蓄，就像少女一样，充满了生命力，可谓形神兼备。看看右边就会明白什么叫作写意。宋画主要是自然主义，画家要写生。右边的变化在哪里？宋元之变就是从"画"到"写"，这是一个变革。什么叫写？左边和右边，包括此后的徐渭，主要的变在哪里？可以看到宋画中的线条，你还能感觉到吗？它用来表现物象结构的线条，你已经感觉不到了，它已经隐身到花瓣里去了，所以它的线条，点线面原来只是一个形式，是为内容服务

明　徐渭

宋　佚名

宋　佚名

清　八大山人

的，画面的内容即荷花，是表现自然界的生命力。右边会感觉到线条的起伏、快慢、浓淡、长短、曲直，写就像书法一样，笔墨它本身就变成内容了，是富有情绪甚至是艺术家本人的气质，本身具有生命状态。

　　如果请徐渭来画宋画，他很难表达自己，拘于状物而受限。就像宋徽宗一次批评画师所画的猫那样，认为他画得不对，因为他画中午的猫，其眼睛睁得大大的，没有很好地观察，中午的猫眼睛应该眯成一条线。如果徐渭生活在宋朝，当时没有产生写意

北宋　赵佶　《竹禽图》

画的土壤，另外我们说写意花鸟画最晚成熟，有一个历代画法技术的积累。所以到晚明时候，包括文人生存的土壤，包括个人的心性，可以说几方面结合起来才有徐渭的出现。如果他早一百年出生，可能也出不来。到了元朝，技法尚不完善，他也想不到。那么宋元之后，包括徐渭，同样的葡萄和枇杷，是从自然主义到表现主义的变化，图片中的小鸡（宋画）和鹌鹑（八大画），代表了中国古代绘画史上的两大高峰。

宋徽宗在公元900多年创办了中国历史上最早的皇家美术学院。英国伦敦的皇家美术学院是1873年创办，此时，有招生、辅导，上文化课、艺术课，还要考试，进行写生、创作，指导老师包括宋徽宗本人，画坛风尚也受宋徽宗影响，其个人的审美追求成为一时风尚。文人画，是苏东坡提出的一个理论，说王维"诗中有画""画中有诗"，但是真正的成熟要到元代，才有了真正的巨变。北宋也有水墨画，但局限于梅兰竹菊。

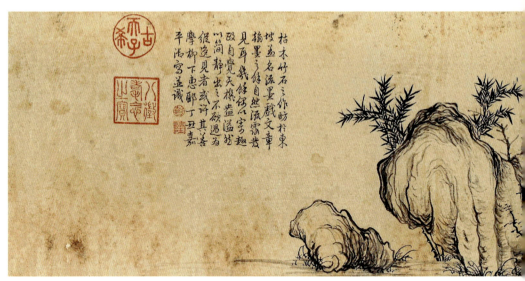

元　赵孟頫　《枯木竹石图》卷

二、"墨花墨禽"——元代两大巨擘

元代是非常特殊的朝代，知识分子出仕也很少，真正进入了陶渊明的一种心境。宋画是古典主义绘画的高峰，崇尚自然，形神兼备。元代以降，"墨花墨禽"始兴，从"设色"到水墨为主，从"画"到"写"，符合表现文人淡泊心境的写意精神。明初以宫廷画为主流，画风以两宋院体为尚，至明代中叶，吴门画派如沈周、唐寅、陈淳至徐渭的崛起，接续了元末文人画的余续，画法上更加写意，主要表现艺术家内在的性情与气质，使得写意花鸟画的文化性和绘画性得以高度统一。

出于文人独有的淡泊情怀，从工笔设色、富丽堂皇，到水墨为主，可谓洗尽铅华，回归平淡天真。水墨，墨分五色，它代表着文人的淡泊、高远，以简驭繁，所以元代"墨花墨禽"的兴起是一个变革，也就是从画工系统转向文人画的一个标志。在这当中，赵孟頫以书入画，书法本身就是写的，它有抽象，带着情

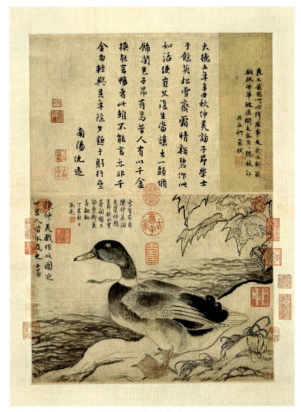

元 陈琳 《凫戏图》

绪，带着诗人的一种文化气质，可以说他是振臂一呼的人，元四家多少都受到了他的理论影响。

比如，我们来看《凫戏图》，它的作者陈琳是一个画工，在画此图时，赵孟𫖯是指导过他的，尤其是水波纹，包括山崖的石头线条，赵孟𫖯建议他用篆书笔法，所以我们经常以这张画作为元代画工往文人画的转变的一个典型。

在元代花鸟画史上有两大巨匠。第一个王渊，他的画很精工，很细腻，和宋画比起来，却全以水墨来表现，可称作"工笔墨写"，是一个巨变。之后徐渭更加奔放，这个过程中是有过渡

元　王渊　《竹石锦鸡图》轴局部
（上海博物馆藏）

元　张中　《芙蓉鸳鸯图》轴局部
（上海博物馆藏）

元　王渊　《水墨木芙蓉图》

的，有一代代艺术家的艰辛探索，一步一步积累而来的。

　　我们再看第二个，就是张中的《芙蓉鸳鸯图》轴。大家可以看到这个跟宋画就不一样了，写意多了，芙蓉的叶子是大块的水墨，辅以勾线。王渊的画是工笔水墨，如果再往前走一步就更写意了。我很有幸地发现了一件作品（美国佛利尔美术馆的王渊

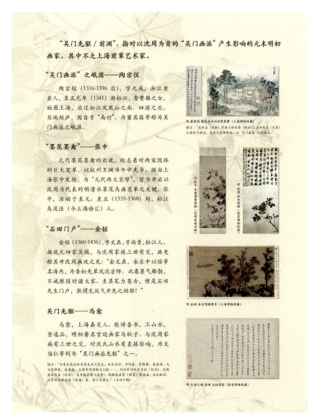

上海"吴门画派先驱／前渊"列举

《水墨木芙蓉图》），说明王渊到张中之间还有一个过渡，我们以往认为这种画风完全是张中的创造，实际上他还是踩在王渊的肩上往前走的。

我有幸发现的《水墨木芙蓉图》是美国弗利尔先生1911年在上海的一个大收藏家庞莱臣家里买到的，后来成为佛利尔美术馆的藏品，直到我2013年去佛利尔美术馆访学发现此画间的百年间，这张画一直被视作赝品，定名是清代佚名，断代为：1644—1911年。后来经过我的考证、鉴别，断定这是王渊创作于1345—1347年间的晚年作品。这个鉴定成果已经被美国弗利尔美

元　张中　《芙蓉鸳鸯图》轴
（上海博物馆）

术馆采纳。这个作品说明什么问题？很多艺术史的演变，没有我们了解的那么简单，包括王渊的晚期，已经开启了张中的先河，更写意。

三、上海"吴门前渊／先驱"

说到"才子"，刚才骆教授侧重于徐渭等人的诗文和人生，他们的才能还体现在绘画和书法。"万年长春：上海历代书画艺

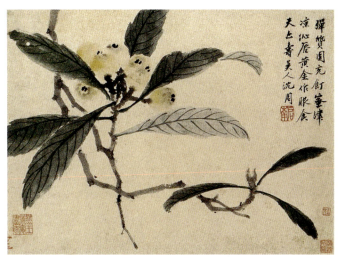

明 沈周 《卧游图》册
（故宫博物院藏）

术特展"展览中挖掘了很多关键人物，前渊：如张中、温日观、邹复雷、邹复元、释普明、柏子庭等。先驱：如马愈、金铉等。关于"前渊"，我今天侧重于讲张中、温日观、邹复雷、邹复元这四位。

张中对沈周的影响太大了。沈周不仅有张中作品的收藏，还有王渊。吴湖帆梳理了花鸟画的历史，尤其说到元代的时候，主要是讲王渊和张中，接下来就是沈周和文徵明。我也找到一些资料，包括在展厅中展出的这幅画。这幅画就是沈周的家藏。

我们看看对沈周的影响。这个就是吴门画派前渊，其中不乏元末上海籍的画家。如清代杨晋就提到了"元人张中《墨枇杷折枝》，沈石田尝有临本"。大家看沈周也画枇杷，这就是受张中的影响。

我们提到了徐渭的《墨葡萄》图，其主要创始人是谁？温日观。温日观是上海人。有一次温日观碰到一个同乡华亭人曾遇，

温日观　《墨葡萄图》（伯克利艺术博物馆和太平洋电影资料馆藏）

明　岳正（1418—1473）《松鼠葡萄图》轴
（美国纳尔逊-阿特金斯美术博物馆）

清　恽寿平　《花果图》页
（上海博物馆藏）

曾遇正好到北京去，温日观画了两张《墨葡萄》，一张送给赵孟頫，一张送给曾遇，赵孟頫第二年就题了跋，其中称温日观为"日观老师"。

很可惜，他的作品我们在国内没有流传，现在在美国和日本有。

我们目前找到的比沈周更早的仿温日观的吴门画家，叫岳正，是李东阳的岳父。

温日观以篆籀草法入画，对沈周、温日观、陈淳、徐渭产生影响。举个例子。这张是恽寿平的《墨葡萄》，题跋中指出："温日观、沈石田（沈周）俱作水墨葡萄，独擅千古，墨林宗之。"

这是南宋赵孟坚《墨兰图》卷，后面有一个文徵明学生的陆师道的题，明确提到："往于衡山先生（文徵明）处见湖州集贤（赵孟頫）作《枝》、日观（温日观）《葡萄》，先生指示笔法，率

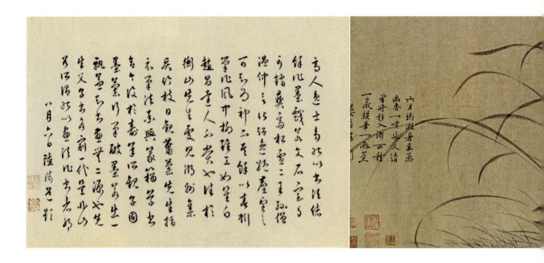

与篆籀草书合。"表明文徵明收藏温日观的画，并以此为范本教授学生。其学生中擅长写意花卉最有名的是陈白阳。这张是美国私家收藏陈氏的《墨葡萄》，在自题中，陈白阳也明确提到在老师文徵明家看到温日观的墨葡萄，这表明温日观对陈白阳的影响也很大。

到了徐渭，他个人的一种心性，他的遭遇，包括他个人精神方面特殊的个性，他把这个写意精神表现到了一个极致，称为大写意。这个时候和宋画相比，意思重点都不一样，更可以看出艺术家本人内在的激情和气质。宋画看不出的。宋画中，你感受到这个荷花和鹌鹑本身的美，它的内容是物象本身；写意画，则将点、线、面等绘画语言／形式，即原来服务于内容（花鸟）的绘画语言（点、线、面），其本身也变成了内容——笔墨，而且具有独立的审美价值。就像音乐一样，张三、李四都可以唱这个歌曲，但是最后的高下雅俗，还是看音色本身，而非曲子或歌词。绘画一样，画同样一棵树（相当于音乐中的曲子或歌词），张三、

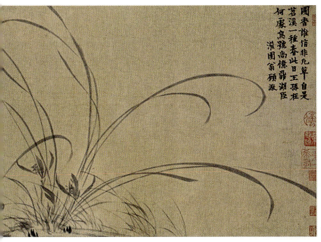

南宋　赵孟坚　《墨兰图》卷（故宫博物院藏）

明　徐渭　《四时花卉图》卷（局部）(南京博物馆藏)

李四都可以画（唱）得很准，但是最后高低不看这个树像不像，而是体现在笔墨线条（相当于音色）的高下雅俗。

接下来再介绍一个很有名的画家，邹复雷的传世孤本——《春消息图》，这幅画很有名，是清宫旧藏。他的兄长叫邹复元。这张画太长了，这大概是全世界找到的古代画梅的枝干最长的一幅画，这个杆加起来有一米多。后面有杨维桢题跋，其中提到了邹氏兄弟，一个擅长墨竹，一个擅长墨梅（和王冕齐名），邹氏

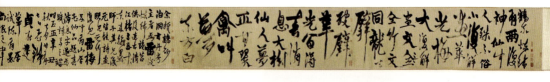

春消息图（局部）

沈周之前的主流画派

兄弟也是籍贯现归属上海浦东的两位艺术家。

前面讲的是吴门前渊（指元末），接下来介绍"先驱"（明初）。

这个也是比较新的发现，马愈的山水画，大家都会觉得这应该是沈周之后才有的风格。

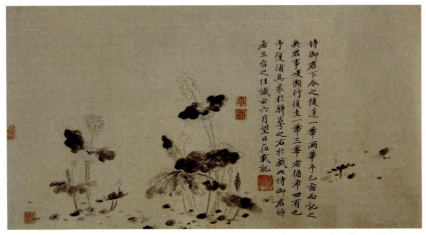

元　邹复雷　《春消息图》（美国弗利尔美术馆藏）

明　马愈　《瑞莲图》页　30厘米×58.3厘米　中国嘉德2006秋拍第564号

　　沈周前，明初的文人画不是官方主流，朱元璋喜欢大富大贵，红红绿绿的。之后，有宫廷画家画水墨的，但不是文人画，也就是沈周之前画的主流大部分是这样的风格。这中间一下子到了沈周，其间存在资料匮乏、脉络不太清楚的地方，实际上，元末至沈周，这里边也有文人写意花卉的传承和衔接。

　　举个例子，马愈的瑞莲图是2006年出现在市场里的。当时实际上大家都不认，认为这个画风太早了，太写意了，应该是沈周之后的，但实际上这张画可以改变我们的认识。马愈是上海嘉定籍的画家，他的父亲是著名的宫廷画家叫马轼，很有名。故宫博物院有这张画的一个跋，叫作《瑞莲诗记卷》。我2008年看到刘九庵先生在介绍马愈书法的时候，从那个跋中发现马愈画了墨荷，结果故宫找了半天没有找到，他写了一句说马愈的书法和题诗仍然留存，但《瑞莲图》已经失去，实际上就是这幅，它已经分割开了，一个流到民间，一个在故宫博物院。《瑞莲图》的作者是马愈，他到沈周家的时候，称沈周为"贤侄"，马愈跟沈周的爷爷、外公、父亲和伯父一起诗文唱和、鉴定古画的，这件《瑞莲图》的画风比沈周又早，所以我们美术史上有很多我们不清楚的地方。而徐渭是直承这一条线路（吴门画派）的，通常"青藤、白阳"一起合称的，白阳就是陈淳，是文徵明的学生。这条大写意花鸟画的脉络，从元末到沈周，其中可能还有更多我们所不知的"马愈们"的存在。

四、从明四家至"青藤、白阳"

正因为一代代前人的技法积累和探索，才会有明四家至"青藤（徐渭）、白阳（陈淳）"。陈淳的画还比较规整，文徵明也比较墨守成规，不像唐伯虎有大起大伏的情绪，但是到了徐渭，可以发现他一下子爆发出来了，不求形似到极致，你感觉到像笔墨的交响乐一样，接近抽象，有激情，而且不重复，就像书法线条一样，各个不同，所以它有偶然性。文人画讲究创作心态。比如我本来心情今天挺好的，可能一个电话来，心情没有了。

明 马愈 《瑞莲图并记卷》

明 陈淳 《四季花卉图》卷局部

　　黄公望的一幅图为什么要画七年？有一种说法我非常赞同，代表作是艺术家在最佳状态时候创作的。精神状态不好的时候发挥不好，你精神状态最好的时候就是最好的，但是每个人的精神和情绪不可能 365 天在一个水平线上。黄公望《富春山居图》这幅画，他随身带着，情绪好的时候，喝点酒，放浪形骸的时候，画几笔。如果有干扰，不画了。这也就是七年时间中他最佳状态的积累，所以这幅画看不出是断的，都是在一个精神状态、一个高度下创作的画作，所以有一气呵成的效果。徐渭也是，他最好的作品就是《杂花图》卷（南京博物院藏）和《墨葡萄》轴（故宫博物院藏），与黄公望的作品一样，它是一种文化高度，是一种个人性情表达的巅峰，所以艺术有的时候真的是一种才情，绘画技法这时候已经不是最重要的，但技法又是必须要掌握的东西，是前提。因为是文人画，因为才子画，更讲究一种文化性，

明　唐寅　《古槎鹳鹆图》局部

明　唐寅　《古槎鹳鹆图》

明　徐渭　《花卉十六种图》卷之部分作品

明　徐渭　《杂花图》卷（局部）

所以文人画是绘画性和文化性的高度统一。你光有绘画性，是画工、画匠、照相机；如果你光有文化性，有抒情达意，但如果绘画技法不行，那是野狐禅、伪文人画。例如赵孟頫画人、画马等都没问题，但只有绘画性是不够的。徐渭也是，他的《墨葡萄》，稍微点几下就暗示你了，你不会看错，但是不像宋画的葡萄，茎茎脉脉都告诉你，文人画的表现内容表达已经转化了，即形式（笔墨）变成内容本身，如同音乐。这种画对西方的画，尤其印象派、超现实主义画派，也是一脉相通的，我们中国的纯艺术理念走得比较超前。回过头来看苏东坡的理论，谈文人画的精髓，还是相当有道理的。

以下是我做的一个简单的梳理图示，可以看到五代时候花鸟画是什么样的，北宋是什么样的，南宋是什么样的（虽然有水墨画，但是它局限于梅兰竹菊，水墨画还没有得到更多的题材），这个法常是偶然性的，不是主流。

这个是清代初期郑板桥，晚清吴昌硕，到刘海粟《万年长春图》轴。我今天讲的关于上海的吴门前渊在这张图上有所体现。其他的山水画和书法也同样可以找到我的观点。

五代 黄荃

五代 徐熙

北宋 赵佶

南宋 佚名

南宋 杨无咎

南宋 法常

元 王渊

文人画成熟并
成为画史主流

元 王渊

元 张中

明 林良

明 吕纪

明 马愈

明 沈周

明 唐寅

明 陈淳

明 徐渭

近现代书画嬗变

上海地区历代书画人文示意图

以上是我围绕古代"江南才子"和江南人文，结合《万年长春——上海历代书画艺术特展》的学术梳理，尤其着重梳理了影响徐渭的上海"吴门前渊／先驱"，也是我们这个展览观点的重要的一部分。

扫码观看《江南文化中的水墨写意精神——从上海"吴门前渊／先驱"到徐渭》视频内容

主要参考文献

［1］ 杨维祯：《东维子集》，景印文渊阁四库全书，台北商务印书馆，1983年。

［2］ 何惠鉴：《元代文人画序说》，载《海外中国画研究文选》，上海人民美术出版社，1992年。

［3］ 张光宾：《元四大家年表》，载台湾大学艺术研究所丛刊，《美术史研究集刊》，2001年9月。

［4］ 了庐、凌利中：《文人画史新论》，上海画报出版社，2002年12月。

［5］ 王连起编：《故宫博物院文物珍品大系：元代绘画》，上海科学技术出版社、商务印书馆（香港）有限公司，2005年6月。

［6］《南宗北斗——董其昌诞生四百五十周年书画特集》，澳门艺术博物馆，2005年9月。

［7］《元画全集》，浙江大学出版社，2013年10月。

［8］ 凌利中：《近现代书画鉴定学科的奠基者——吴湖帆与二十世纪上半叶的书画鉴藏活动》，载《吴湖帆书画鉴藏特集》，上海书画出版社，2015年12月。

［9］ 凌利中：《丹青宝筏——董其昌的艺术超越及其相关问题》，
《丹青宝筏——董其昌书画艺术特集》，册 1，页 24—28，
上海书画出版社，2018 年 12 月。

［10］《万年长春——上海历代书画艺术特集》，上海书画出版社，
2021 年 6 月。

第四讲

文人雅集和江南曲艺

时间：2021 年 9 月 17 日　19:00—21:00

嘉宾：唐力行　胡建君　高博文

地点：上海博物馆学术报告厅

苏州评弹的前世今生

/ 唐力行

唐力行，男，上海师范大学人文学院历史系教授，博士生导师；上海师范大学中国近代社会研究中心主任，中国社会史学会副会长；享受国务院特殊津贴专家。主要论著包括《开拓社会文化史的新领域：苏州评弹与江南社会导论》《中国苏州评弹社会史料集成》《光前裕后：一百个苏州评弹人的口述历史》等。

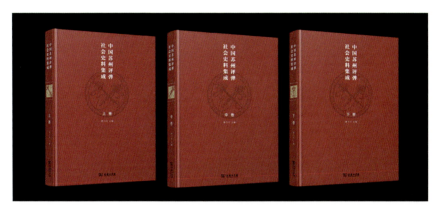

《中国苏州评弹社会史料集成》上中下卷

今天我为大家讲的题目是《苏州评弹的前世今生》，下面这三本书就是我们编的《中国苏州评弹社会史料集成》，一共有360万字，基本上把苏州评弹的前世今生说清楚了，我今天讲的内容大多出自这部史料集。

今天讲座的主题是"江南曲艺"，实际上我今天所讲的是江南曲艺的代表，也就是苏州评弹。苏州评弹是中国曲艺的兰花，是中国最美的声音之一，也是江南曲艺的代表。

一、苏州评弹和江南的地理环境

苏州评弹与江南的地理环境是紧密结合在一起的。这样的地理环境产生了苏州评弹，而苏州评弹使得这个地理环境更加优美。

水是江南的灵魂。江南水乡有三大水区：第一个水区是长江，第二个水区是以太湖为中心的地区，第三个水区就是杭州湾（包括杭州湾的北部和南部的一些地区）。这三个水区连成一片，区域内水道密布，市镇错落其间，航船往来如梭，构成了一幅水乡繁华图。水道不仅承载着经济的流通，还担负着文化传播的功能。明清以来，评弹艺人背包囊、走码头，将苏州评弹送达江南社会的每一个角落，所以江南有一个很特殊的地方，就是江南的水网和江南的文化传播网络，也就是评弹的传播网络，它们是合而为一的。

根据统计，现在我们知道苏州评弹的书目在历史上曾经有156部，其中评话70部，弹词86部。在实际演说过程中，评弹演员会对这156部书目进行再创作。一个乡村的农民即使从来不离开自己的家乡，走码头的评弹演员一个接一个地来到他生活的地方，大概一个评弹演员到一个地方，一个书目要讲两个月，甚至半年，这些书目足够一个农民听一辈子了。

走码头就是评弹演员到江南地区去说书。江南的小镇，船只来来往往。评话艺人只要拎一个小藤箱乘上船，箱子里就是他的一袭长衫和替换衣服，加上一方醒木，一柄折扇，可以很方便地到各个地方演出。弹词艺人则还要背上琵琶或者三弦也可以走码头了。评弹跟演戏不一样。演戏需要一个戏班子，需要一两条船，需要很多演出需要的道具、服装，需要一个戏班子，所以评弹被称作为"轻骑兵"，也就是轻装就可以在江南所有的市镇去演出。

还有乡镇码头上的茶馆书场。一个小先生，一个女先生，他

船只来来往往的江南小镇

们就在茶馆里演出。所以这个场面是很亲切的。演员面对着的就是这么多的普通老百姓，把他们的故事讲给老百姓听。

这是上海的七宝书场，这个规模大一点，但同样也是一个茶馆。一边喝茶，一边听书，是很高雅的。

在整个江南地区，喜欢听评弹的人太多了，各个市镇都是如此。我仅举三个例子。比如说浒墅关。听书一道素为讲究，道中未做过者，不算出道。什么叫道中？就是说书人之间相称，如果说书人没有到浒墅关说过书，其他说书人就会说：你还不能算是出道，即不能算一个合格的说书人。

吴兴县双林镇是一个极小的乡镇码头，并无其他娱乐，只有书场数处，乃唯一之游艺场所，故镇民大都嗜爱评弹。以前光裕社"响档"老一辈，莅临者也不少。

乡镇码头上的茶馆书场

上海七宝书场

　　还有盛泽。盛泽这个镇经济很繁荣，向有"书码头"之称，最盛时书场有 10 余家之多，多由茶馆兼营，当年书场之繁荣，现在是很难想象的。据说评弹界的老祖宗马如飞曾经到那个地方弹唱《珍珠塔》。现在到这些市镇，也许一个书场都没有，但是当时有十几家书场，走几步路就有一家书场，竞争是非常激烈的。

　　书要说得不好，我们看看下面几句话，"稍一不合，明日早茶时，互相批评，下午即相率不来。甚至望出百之书场，三日以来，变成五台山矣"。本来这个书场可以坐一百多人，如果不能吸引大家就变成五台山。什么意思？书场里有五张台子，还有很多长板凳，但是三天下来说得不好，只剩三个听客，这是很悲惨的。

　　江南的中心苏州怎么样，更不需要说。苏州人闲者居多，饭后听书，挤在茶馆中度生活者，比比皆是。实际上听书已经成为苏州人的日常生活，也成为江南人的日常生活。

　　上海开埠以后，说书就进入到上海。上海书场也是风靡一时，照片里是一对很有名的双档朱雪琴与郭彬卿，这是在仙乐书场演出。仙乐书场、沧州书场等是当时上海最好的书场，是名角才能进得去的书场。在这些书场能够站得住脚，那就是上海"响档"了，这是评弹界的最高层次。

上海仙乐书场

　　传统社会是一个熟人社会，人口流动小。说书人在这个地方说了两三个月，演完就要走，因为谁也没有兴趣连着听你讲两遍，所以评弹艺人一生就必须要不断地走码头。走码头实际上是一个文化传播的过程。苏州评弹艺人有普通的说书人、"码头响档"、"苏州响档"之分。从小码头走进大码头，从普通说书人成为"码头响档"，再成为"苏州响档"，这里充满了竞争、才能和机遇，能够成为"苏州响档"的是少数，但是这少数的人又要进入上海竞争，最后成为"上海响档"的人，那是少之又少，所以走码头也就构成了评弹艺人的人生经历。

　　为了进一步说明，这样一个文化传播的网络或者说书场听书的网络，它们和江南水系网络或者说市镇网络是结合在一起的。我们特意制作了一张图。这张图中可以看到，水流交汇处分布着村落市镇，大运河沿线更是分布着大中城市常州、无锡、苏州、嘉兴、湖州、杭州等。在长江与黄浦江、苏州河入海处有着大都会上海。江南水系网络上的市镇就像满天星斗，在这星斗中更多

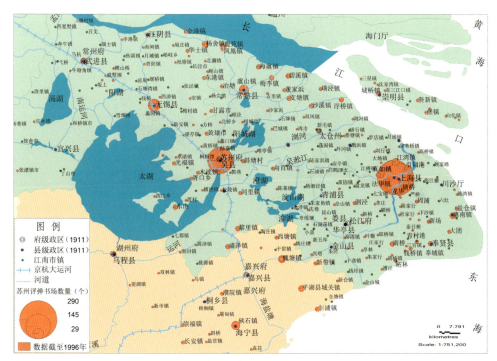

书场听书网络分布图

的是书场。越是大的码头，书场的密度就越大。比如说苏州的密度在传统社会是最高的，但是到了近代，上海又超过了苏州。水以载道，苏州评弹沿着江南的水形成一个庞大的文化网络，渗透到江南的每一个细胞形式，影响着江南民众的日常生活和审美观、社会价值观。

二、雅俗共赏的苏州评弹

前面讲到曲艺的时候，我们说到曲艺是一种俗的文化，是草根文化，但是评弹是曲艺当中的兰花。评弹和一般的曲艺不同之处在于它是雅俗共赏的。这个雅俗共赏的特点是非常重要的。怎么样由俗入雅，雅俗共赏的呢？苏州经济繁荣，文化更是繁荣。

拄頰高談

張一麐

张一麐应光裕社要求的题字"拄颊高谈"

清代的时候，苏州一地的状元就达到了 26 个，占全国的 22.8%，所以苏州人很骄傲地说苏州有两个特产，一个特产是状元，第二个是优伶，优伶就是艺人，具体来说就是评弹和昆曲艺人。

民众整体文化水平高，生活富足，有着消闲娱乐的极大需求，他们的艺术鉴赏水平也是极高的。所以中国戏曲的兰花——昆曲与中国曲艺的兰花——评弹都产生于苏州，这不是偶然的。

苏州评弹逐渐由通俗文化演变为雅俗共赏。一方面说书人必得要多读书才能说好书，说书人面临听书人面对面的挑剔、评议，因为大家面对面，你稍有一点讲错或者逻辑性不强，那么听客一听完书，就会在茶馆里议论你的书说得怎么样。另外同行敌档的激烈竞争，不断将苏州评弹艺术推向精致，推向完善。另一方面文人墨客、士绅官宦也深深被评弹所吸引，文人雅集，举办堂会，或进书场听书，与评弹艺人交朋友，帮助评弹艺人提高文化水平，帮助修订脚本，甚至成为票友，不断将评弹推向雅化。

中华人民共和国成立初一群说书先生的合影

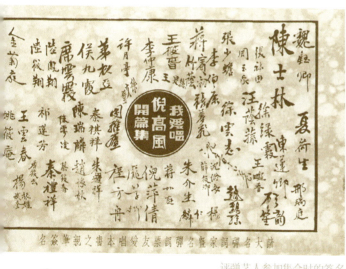

评弹艺人参加集会时的签名

评弹才子黄异庵题写的一首诗

民国年间教育总长应光裕社要求的题字"拄颊高谈"，是清代吴梅村写柳敬亭一首诗中的一句话，柳敬亭是说书人的老祖宗，说他"一生拄颊高谈妙"。这是评弹艺人以手支颊，若有所思，悠然自得，口若悬河，妙语连珠的写照。形象地说明评弹艺人不是一般的艺人，他是先生。

第一幅是中华人民共和国成立初一群说书先生的合影。男的长衫，女的旗袍，有书卷气，显得非常高雅。第二幅是评弹艺人参加集会时的签名，毛笔字都写得非常漂亮，显示他们虽为艺人，同时也是文化人。第三幅是评弹才子黄异庵题写的一首诗，很有品位。

文人雅士、缙绅官宦与说书先生交往雅集的故事很多。

苏州吴县县长王引才致仕回家乡南翔后，经常去书场听书，尤其喜欢听陈瑞麟兄弟的书。当时王引才老先生，集合了南翔的绅士名流，约有四五十人，就在古猗园题名"不系舟"的旱船上，每晨九点起，欣赏陈氏昆仲的弹词堂会。在这样优雅的地方听书，环境佳妙，清静绝俗！加上陈双档的书，又说得那样细腻熨帖，歌喉婉转，清脆悦耳，自然更能引人入胜了。在座诸名流，听得人人称赞，个个道好，异常满意！大家兴之所至，少不得还要指点书艺，瑞麟昆仲，获益匪浅。王引才还赠诗一首："莫笑弹词戏一场，说来说去是家常；神权帝制今休护，科学还

上海古猗园"不系舟"的旱船

宜细考量。"这诗的言外之意，叫他们在说书的当儿，言辞要谨慎，不能再把神怪和封建思想的毒汁，灌输到听客的脑海中去，应该把正确的价值观传输到听客中。

上海评弹团创团的十八艺人之一徐雪月，大家都认为她是说书的天才。各地捧她的听客成立了一个"雪社"，成员都是有听书经验的人物，还有很多名士学者。当雪月空闲的时候，对于她的书艺，凡有什么不到之处，都肯循循善诱，加以指导。尤其是上海一班书社同人，连雪月所唱的《三笑》脚本，也有人替她整理，去芜存菁，又加了许多名贵的篇子和诗词对联进去，对于书中诸角，又指点她怎样表演，才能富于昆腔意味，做到尽善尽美。这和当年马如飞的《珍珠塔》脚本，几经文人修改，一样的情形。

还有一位女弹词叫汪梅韵，文人吴兴翁在家中邀聘她长期唱堂会，其实虽说是唱堂会，却由吴兴翁指点她的书艺，还教她读书习字，吟诗答对，这样热心培植人才，真是雅兴不浅，而且还教她画梅，因为她名字中有一个梅字。很多士大夫都有几十年听书的经验，而且记忆力极强。谈到当年"响档"的说派，如数家珍，把这些情况告诉汪梅韵，使得她受益匪浅。

上海的银行界也钟情于苏州评弹，建立了一个票社，叫银联社。银行从业人员的经济条件都非常好，而且有文化，票社的活动十分频繁。有一次他们在苏州吴趋坊举办临时堂会，响档潘伯英、张鉴庭昆仲、唐耿良、蒋月泉等六档参加会串，一时书迷云集，片刻即将能容纳一百多人露天广场挤满了。宾客中银联社名票多人及《书坛周讯》总编辑黄进之也上台献奏一番，居然也很受欢迎。

士绅官宦也进入书场听书。常熟乡绅左畸写有《书场杂咏》一组，真实地描绘了当时的盛况。其中一首写道："独创西厢朱寄庵，声名响遍大江南。'玉壶春'里缙绅集，门口停留轿十三"。诗后附记：邑人朱寄庵先生，始创《西厢记》弹词。说、噱、弹、唱别出心裁，响遍江南，当年在"玉壶春"（即湖园原址）弹唱时，邑之士绅向不听书者，因慕先生才名，相率乘轿至书场听书，门前停留轿子有十三乘之多。

人们常说如果没有评弹，江南也就不再是我们心目中的江南了。可见评弹在江南文化中的重量。代表大众文化的评弹艺人与精英文化的交集，使评弹赋予了雅俗共赏的特点。雅与俗的交汇，使江南文化更带有理性，这应该是江南文化的一大特点。

三、独树一帜的苏州评弹

苏州评弹在四百年的历史进程中形成的本体是什么？或者说什么才叫评弹？苏州评弹的本体与戏曲最大的区别在于：评弹是说法现身，戏曲是现身说法。什么叫现身说法？戏曲演员在舞台上扮演的是一个特定的角色，他演关公，就必须红脸绿袍青龙刀。但是评弹不是这样，评弹是说法现身，你不需要化妆。说书先生就是一袭长衫，在台上用他的语言，让你眼前呈现出一个活生生的威武的关公。就凭一张嘴，他可以展现出战争的场面，激发你的想象，使你可以看到五彩缤纷的历史场面。举个例子，谢晋曾经想拍三国电影，他请我父亲唐耿良做顾问，为什么请我父亲做顾问？谢晋跟我父亲讲，一听你的书，赤壁之战的大场面就会通过想象在我们眼前展现出来，但是我们电影艺术是写实的，不可能是评话口述的虚拟场面。这就是评弹和戏曲的不同之处。所以，评弹的说非常重要，评弹是以说表为主的讲故事，辅之以噱、弹、唱。过去讲千斤说表，四两唱。和说表相比，唱只是四两，说是最难的。

其次是一人多角，跳进跳出。说书先生在书台可以进入一个角色，代表这个角色说话，然后他又会跳出来，以说书人的身份，继续讲述故事的情节，忽而他又会跳进去，以另一个人的身份表情说话。他在书台，一会儿是这个人，一会儿又变成另一个人。他还要跳出来以说书人来分析这个人的心理状态，对人与事进行评论。其他戏曲可能做到吗？不可能。说书人的演，只是说的辅助形式，仅限于手面动作。绝不能等同于戏曲的演。

　　在第一部分评弹与江南的地理环境中我们就了解到了苏州评弹的生存形式，就是走码头长篇评话或长篇弹词在书场演出。在大剧场演出，绝对不是评弹应有的常态。

　　苏州评弹正是靠着这些艺术特点，在曲艺、戏曲百花园中独树一帜，成为曲艺的兰花，广受欢迎。评弹的听众中，包括各阶层人民，许多劳动群众和知识分子都喜欢听。已故中国文学批评史专家郭绍虞教授就是上海电台评弹节目的积极听众，每晚必听，他说听评弹已成为他日常生活中不可缺少的部分。上海电台举办评弹广播会时，他特地写诗送到电台来祝贺。已故金石家陈巨来，已故著名电影演员上官云珠，已故著名京剧表演艺术家周信芳和盖叫天，都曾是评弹节目的忠实听众。

　　周信芳、盖叫天为什么会是评弹的忠实听众？因为他们要从评弹中吸取养料。周信芳曾经这样谈评弹。他曾对擅说《金枪传》的评话名家汪云峰表示过，很佩服评弹艺人，说自己化妆了扮杨老令公，还不及汪云峰不化妆的杨老令公逼真动人。周信芳曾对严雪亭、蒋月泉、刘天韵的书艺都是很推崇的。他还很欣赏唐耿良、张鸿声的大书。他认为评弹在没有什么帮衬的情形下，仅靠自己的说唱艺术，能把观众的注意力始终吸引住，是很不容易的。他曾经说评弹艺术讲究"说、噱、弹、唱"，"说"放在首位。正如京剧有"千斤话白四两唱"的说法，说明说白的重要，也说明说白的难。可是评弹的说表比京剧的说表还要重要，还要难。

20世纪60年代初，盖叫天在杨振雄说武松的时候，每场必听，从开始听到结束，整整听了两个月。一次，他说："我演的全本武松，从打虎到打店，一个晚上全演完了。听说振雄要说一二个月，我倒要听听，就这么点事情，他到底是怎么说的，一听是有道理，就是细腻，我听上瘾了！"

名家俞振飞也谈过评弹。他1948年，曾以很大的兴趣去听杨振雄的《长生殿》。他说，昆曲《长生殿》原作共五十多个折子，据说要演七八个晚上才能演完，我的岁数也没有赶上看全本的，其中不少是演员怕演、观众怕看的那些没有故事情节的过场戏，当时称之为废场子，在长期的舞台实践中，陆续被淘汰的正好一半。现在在戏曲舞台还能看到的不过二十五折了。而评弹《长生殿》，从头到结束每天三刻钟，要说五个月，我曾连听了下来，不论是故事情节的贯穿或是人物性格的刻画，都深深地吸引着我，真是越听越有味，尤其是对唐明皇内心世界的刻画，对我的表演都很有启发。

这些戏曲名家之所以爱听评弹，他们所一心要学习的正是戏曲没有的，评弹独树一帜的艺术特点。在现实生活中，出现过一个戏班子敌不过一个评弹艺人的故事。1942年夏，有"评弹皇帝"之称的严雪亭来到常熟演出，全县轰动，书场附近的电影院甚至因此停映数天。1945年在平湖说唱时，四乡八镇的听客或徒步或摇船，远道赶来，甚至书场周边的客栈、饭店都人满为患，同镇的亚美戏班也因无人观看被迫停演，到最后索性戏班子的人也跟着听客到书场听书，所以真正好的评弹，确实能使万人空巷。

苏州评弹对于江南文化的整合起了非常大的作用，因为江南文化传播最广的就是苏州评弹。评弹不光是普通民众要听，高雅的精英也要听，这就是评弹的雅俗共赏。正因为它的文化传播和水网是结合在一起的，是雅俗共赏的文化，所以它们就使得江南文化具有了一个雅和俗结合的特点。这个雅和俗结合的特点，别小看它，它是非常重要的，因为作为精英，它可以了解民众，而民众也能接受到精英所要传达的信息，所以使得江南总体显现出一种理性。这种理性在江南社会中的表现是非常明显的，比如说传统时代江南地区承担着国家很重的赋税，苏州的土地只占全国耕地的九十九分之一，但是苏州在清代的时候承担国家的赋税达到了十分之一，苏州人的负担这么重，但是你听到过苏州爆发过农民起义吗？没有。苏州人很聪明，在这种情况下怎么办？他们农业精工细作，大力发展副业，种棉、养蚕、发展商业。苏州人的小日子比其他地方都要好，这就是一种非常理性的社会。

近代以来诸多社会精英将评弹视为推广实施"民众教育"的重要手段。民国年间上海《申报》上，知识分子对苏州评弹给予了非常高的评价，他们认为苏州的评弹跟荷马史诗具有同样的地位，评弹所讲的历史故事起到了教育民众的作用。这也是我刚才讲到的很多文化人，他们喜欢评弹的原因。文化人跟评弹人的雅集，使得评弹有更多好的价值观，好的审美观传播到民众当中去，所以他们认为这成为精英文化和平民文化的有机结合，是江南社会结构在文化层面的反映，是江南民众喜闻乐见的原因。

综观苏州评弹的前世今生，保持并发扬评弹的艺术特色与艺术本体，扬长避短，在继承传统长篇的基础上创新。保持评弹与江南听众的血肉联系，坚持走码头进书场，打开江南的广阔市场。这就是陈云所说的"走正路"。

扫码观看《苏州评弹的前世今生》
视频内容

我有嘉宾　鼓瑟鼓琴——从江南文人雅集说起

/　胡建君

　　胡建君，女，作家，上海大学上海美术学院副教授，博士生导师，上海大学中国书画研究中心副主任，上海美术学院新媒体文创联合工作室主任；上海诗词学会常务理事。主要著作包括《怀玉》《飞鸟与鱼——银饰里的流年》《陆康印象》等。并担任各类艺术展览策展人。

宋　马和之　《豳风图》局部

历代文人雅集常和歌舞吹弹联系在一起，所以我今天分享的主题为《我有嘉宾 鼓瑟鼓琴》，来自《小雅·鹿鸣》。

先看一下文人雅集的历史。《论语·颜渊》云："君子以文会友。"文人集会的源头，可以上溯到《诗经》。《小雅》中即出现"酒既和旨""我有嘉宾，鼓瑟鼓琴"等宴饮歌吹的美好场景。宋代马和之的《豳风图》，即表现《诗经》中所描绘的四时农耕与集会宴饮、歌舞吹弹之乐。

自古以来，文人雅集总是依托于诗文书画与歌舞曲艺的闲适氛围。所谓"每至觞酌流行，丝竹并奏，酒酣耳热，仰而赋诗。"秦汉魏晋时期，崇尚宴饮游观等宫宴型园林雅集与山水游赏的雅集活动。如西汉梁孝王梁苑之游、曹魏邺下之游、西晋石崇金谷园之会、东晋兰亭雅集、陶渊明的斜川之游、谢灵运的山泽之游等。

先简述下各个雅集活动的背景。梁苑，也叫"梁园"，又名"菟园"，是西汉梁孝王刘武所建的一处私家园林，司马相如、

清　华嵒　《金谷园图》轴
（上海博物馆藏）

枚乘等皆为其座上宾客。李白有诗云："一朝去京国，十载客梁园"，用的就是这个典故。邺下之游的主人是曹丕、曹植等，参加的名士有"建安七子"（王粲、刘桢、徐干、陈琳、阮瑀、应玚和孔融）、蔡文姬（蔡琰）等。当时文风极盛，后人评价说"诗酒唱和领群雄，文人雅集开风气"。金谷园之会的主人石崇是西

明 《兰亭图》卷（局部）（东京国立博物馆藏）

晋权臣，《世说新语》将其列入"汰侈"类，生活奢靡。但他颇有文名，建有一座别墅，因金谷水贯注园中，故名之曰"金谷园"，是当时最美的花园。石崇曾在金谷园中召集文人聚会，与当时的文人左思、潘岳等二十四人结成诗社，史称"金谷二十四友"。金谷园雅集影响极大，据说后来的兰亭集会遵照这个样板进行。永和九年的三月三日，在会稽山阴之兰亭，会稽内史王羲之召集著名文士谢安、孙绰、王凝之、王徽之等四十一人，"群贤毕至，少长咸集"，曲水流觞的典故就出自这里。

隋唐文人集会及文艺创作进一步发展。随着朝廷对文事的提倡，并专门修订一系列相关制度与政策，使得文人雅集的规模和范围日益增长，私家文会也多有出现。张彦远在《历代名画记》中，提到他的先辈魏国公与司徒的文会雅集之貌："雅会襟灵，琴书相得"。著名的雅集还有滕王阁雅集、香山九老会、琉璃堂雅集等。

滕王阁雅集的领袖是阎伯屿，时任洪州都督。王勃在此留下了"落霞与孤鹜齐飞，秋水共长天一色"的名句。香山九老会与白居易相关，他晚年时期对仕途心灰意冷，与胡杲、吉玫、刘贞、郑据、卢贞、张浑、李元爽和释如满八位长者，在洛阳香山结为九老会，隐山遁水，坐禅谈经，写诗云："半移生计入香

五代　周文矩　《琉璃堂人物图》（局部）（美国大都会艺术博物馆藏）

山"。周文矩的《琉璃堂人物图》现藏于美国大都会艺术博物馆。描绘唐朝诗人王昌龄与其诗友在江宁县丞任所琉璃堂厅前聚会吟唱的场景。其衣纹线描顿挫转折的"战笔"描，与《重屏会棋图》用笔一致。

宋代文人基于崇雅的观念，强调文才、学问、道德，追求日常生活的文人化与精雅化，把诗酒相得、谈文论画、宴饮品茗的日常生活定型为一种雅化生活范式。文人群体的文会雅集则是这种生活范式的复数集合。

这幅《文会图》就是当时雅集的写照，隐含唐代十八学士典故，也是贵族点茶文化的视觉再现，展示不以酒而以茶、以文治国的豪迈诗情和"不问朝事，且饮且谈"的明净优雅格调。我们还可看到树丛后有张古琴已被打开，寓示声情并茂的雅集正在延续。

北宋最有名的文人集会以"西园雅集"为典范。西园雅集发生于北宋元祐时期，驸马都尉王诜与苏轼、苏辙、黄庭坚、秦观、李公麟、米芾、晁补之、圆通大师（日本渡宋僧大江定基）等人，常在府邸西园雅聚，或观书，或题石，或挥毫，或抚琴，

北宋　赵佶　《文会图》(局部)(台北故宫博物院藏)

或论道。为记录雅集盛事，王诜请李公麟作《西园雅集图》，米芾作《西园雅集图记》，图记中写道："水石潺湲，风竹相吞，炉烟方袅，草木自馨。人间清旷之乐，不过如此。"后世追慕风雅，出现各种同名的摹本。

西园雅集呈现出平等化、雅化、创作多样化与群体自觉性等特征，促使士夫文化得以确立并走向独立发展，推动文人画意识的兴起。关于西园雅集尚有种种争议。明人王世贞就曾提出："余窃谓诸公踪迹不恒聚大梁，其文雅风流之盛，未必尽在此一时"。所以"西园雅集"应该不是某一次历史事件的真实记录与确切反映，而是对这些盛事综合概括的艺术化的反映。"元祐诸君子，人人有国士风。"宋以后的文人雅集类活动组织，客观上受到西园雅集活动范式的影响，以琴棋书画为媒介的活动形式最为常见，多见诗画相酬、观演戏曲、赏鉴文房、清谈论道等多元活动。

明中期以后，社会生活趋于休闲化和娱情化。人们更加追求山水之乐，所谓"快心娱志，莫过山水园林"。文人雅集在江南地区更是盛极一时。以《明儒学案》所记载的儒家学者与书画家为例，有三分之二以上皆出生或主要活动于江南。近代江南文人雅集既是旧时文人为缓解科举压力而进行宴饮酬唱的风习，也是一种轻松的音韵学训练，更是文人追求"外适内和"的期许，是谈文论道、感时抒怀、同气相求的交流范式，是"市隐"理想的精神家园。或有一种类似布尔迪厄所言的"显摆"或"炫耀性消费"心态，却更是实力、信心与文化资源的整体展示。比如杜堇的《玩古图》，邀请友人在自己的居室内赏鉴文玩，或许是一种高级的"显摆"，更显示古人的好古敏求之心。

由于文人精英的活动范围不可能局限于本地，出游是他们的常见的活动方式，因此交往圈可以随着活动范围的扩大而不断扩展。明代中后期"城居"现象盛行，城中居住可享受城市生活便利。久在樊笼中，一些文人又向往起清寂的乡居氛围，常雅聚于郊外依山傍水处，或购置别墅，修建草堂、小筑等。雅集活动在文人画家笔下多有表现，营造出独特价值原则与自成格局的人文气象。

北宋　李公麟　《西园雅集图》水墨纸本　著录于清内府藏书画专著《石渠宝笈》

明　杜堇　《玩古图》(局部)(台北故宫博物院藏)

明　文徵明　《惠山茶会图》（局部）（故宫博物院藏）

明　谢环　《杏园雅集图》（局部）（镇江博物馆藏）

　　比如文徵明的《惠山茶会图》，描绘文徵明与好友蔡羽、王守、王宠、汤珍等到无锡惠山游览，在二泉亭品茗赋诗的情景。如此清雅怡人的画面让人想到那句"绿野风烟，平泉草木，东山歌酒"。

　　谢环的《杏园雅集图》则再现了杨士奇、杨荣等九位内阁大臣，在杨荣府邸杏园聚会的肖像性质的历史画面。画面中还出现了鹤，鹤形象优雅高古，鹤鸣九皋声闻于野，鹤还是长寿的象征，因此被文人士大夫们所喜爱，在唐代著名的《簪花仕女图》中也曾被细致描绘。

明代吴门画派代表画家沈周的名作《魏园雅集图》，描绘众人在茅亭中席地而坐，赋诗作文，抚琴高歌，欢声笑语，一醉方休，突出了文人所崇尚的那种"野趣"。

明代中后期兴起园林修建热，每一座大型园林背后都有文人社交网络隐藏其中，像苏州拙政园，建造者邀请文徵明参与设计。更多的文人在书斋之外罗列山石花草，布置出一小片微型山水景观。如果连这样的条件也没有，便还有更微型的园林模型——盆景。就如室内张挂山水画，有卧游山水之遐思。

还有一次惊世骇俗的雅集，其主人顾瑛是元后期江南名士，与倪云林、曹梦炎并称为江南三大巨富。他也是个很有意思的人，身边的朋友都是当时的大腕，如元四家中的黄公望、倪瓒、王蒙，还有王冕等经常出入于他的私家园林。元末，他在自家玉山草堂召集时人雅集，由杨维桢主盟，前后持续二十年，参与其中的文学家与艺术家多达三百余人，一时名流如云。有一次的雅集竟是在他为自己修建的墓前，可谓脑洞大开。当时据于立在《金粟冢中秋日燕集后序》中介绍，当时参加雅集的大概有 12 人。除了寻常的赋诗作画外，顾瑛向大家做了一次公开对话，他认为人生终究难免一死，与其等自己死后，故旧哭祭于坟

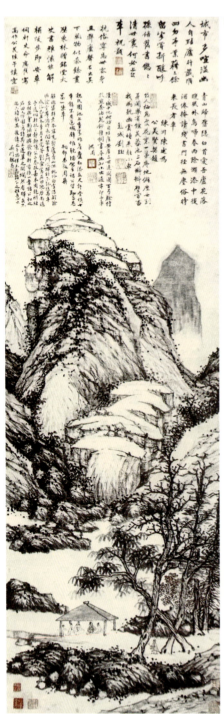

明　沈周　《魏园雅集图》
（辽宁省博物馆藏）

《魏园雅集图》（局部）

明 文徵明 《拙政园图册》之一
（纽约大都会博物馆藏）

清 华喦 《玉山雅集图》
（局部）（台北故宫博物院藏）

前，莫若生前与友人痛饮赋诗于此，显示出主人特立独行的风范
与哲思。

随着文人雅集的展开，不同形式的雅集图式成为文人雅集
兴盛在绘画史上的最集中的体现。学者王进等人认为，雅集图
的大量流行，一方面为每一次雅集留下了真实写照，记录性的画
卷和文字可以使得这个活动的传播性和影响力大大增强，使观看

墨猫 《黄山唱曲图》绢本水墨

者产生巨大的共情和效仿心态，使得雅集这种原本在精英群体内部流行的小众的社交活动，成为广大知识群体认知中风雅生活的象征。

延伸到当下，看到这些流传至今的文字或者画卷，我们也会由衷生发景仰追慕之心。下面我来分享几次我所参与的当代文人雅集。对于我们来说，这是步古人后尘的"附庸风雅"的活动，但对于古人来说，则是他们习以为常的、日升月落的每一天的生活方式。

遥想明末清初，画家弘仁与江注追慕历代文人雅集的风华，在黄山琴箫合奏，引得仙猿啼鸣。四百年云烟缥缈，我有幸与上海昆曲研习社一行，追寻先人的足迹，去往黄山雅集唱曲，致敬前贤。集会的众人各尽其长。画家墨猫感念《西园雅集图》，循此创作绘制《黄山唱曲图》，计十有五人，或站或立，从容萧散，饶有古风。

我的任务是为当天的雅集填词《金缕曲·黄山唱曲》，以作留念："哪处曾相见？遍黄山，重循旧径，又闻莺燕。一霎仙猿啼啸处，曲社鸣锣开宴。更合取，溪声溅溅。多少鸿泥成往迹，共座中一曲桃花扇。歌未罢，暮云变。云间不似寻常院。且留

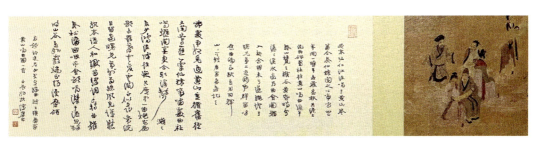

纸上雅集的呈现

连，曙光亭外，雨丝风片。谁慰飘零谁人和，撅笛弹词千转。曲杂奏，松涛幽咽。亭会歌吹浓于酒，忽醉时山谷星如霰。端正好，漫磨研。"

随后，王鸿定老师刻了一方"金缕曲"的印章，陆康老师又把这首词抄写下来，与画作装裱在一起，完成最后的纸上雅集的呈现。

我曾经参加的另一次雅集是在苏州东山会老堂的"东山雅集"。这是一处有着四百多年历史的建筑院落，建于明代正德年间，由当时的宰相王鏊赠与他的恩师。朋友用了十年的心力修复会老堂，使这个老宅获得新生。功成之日，她邀请了上海的书画家、作家、曲艺家以及美食家朋友，在会老堂进行雅集。

参会的每位朋友也各自贡献自己微薄的力量。我的任务是把当天的菜单呈现得更风雅。当时就想到了词牌名。人们为了便于记忆和使用，给词起了一些名字，这些名字就是词牌。有时候几个格式合用一个词牌。有时候，因为各家叫名不同，同一个格式又有几个词牌。例如《沁园春·雪》这首词，"沁园春"是词牌，"雪"是词的标题。当词完全脱离曲之后，词牌便仅作为文字、音韵结构的一种定式。

比如先上来的一盘用茭白制作的"白玉兰"，仿佛可以闻见兰花的清香，便起名"行香子"。梅花山药叫"雪梅香"，熏鱼直接叫作"摸鱼儿"。当天的主菜是枇杷三吃。当枇杷作为热菜时，剥去外皮，塞入太湖三白，也就是白鱼、白虾、银鱼，至今想起都觉得齿颊留香，所以起名"长相思"。还有一份"酿露茨菰"，装盘后的感觉像引吭高歌的歌者，又是江南风物，所以起名"南歌子"。餐后的小甜品，做得非常精致，可以想象一位美人用纤纤素手点上自己的绛唇，所以叫"点绛唇"。这样一份菜单又以手写小楷的形式呈现出来，每位客人都会感受到主人珍重而浪漫的情意。高博文先生还在会老堂前面的戏台上进行了评弹演出。美食美景，活色生香，吴韵苏音，声声入耳，如此良夜，令众人陶醉其间。

雅宴进行时，主人又提了新的要求，能不能用一首词描绘当下雅集的情形？我便想到有一个词牌叫《八声甘州》，全词前后片共八韵，故名八声，慢词。从唐教坊大曲而来，又名《宴瑶池》。这个词牌名似乎与当天的雅集氛围协调。词牌有一千多种，每种具体的格式是很难记住的，需要借助词谱。而当代就比较便利，可以在手机上查询格律。我选定了"十二侵"韵，填了一首《宴瑶池·会老堂》。

第一句点出地点，也点出了东道主，感谢她的宴请。我也写到，行途不仅在于景色的曼妙，更在于身边陪伴的人。更希望保

行香子　　　　　　　　　　　长相思　　　　　　　　　　　南歌子

点绛唇　　　　　　　　　　　　　　　　三字令

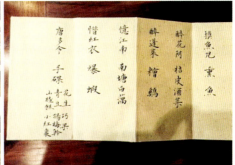

手写菜单

评弹演出

持平常心，随遇而安。愿花常开，景长在，绿色会一直蔓延到远方的小山坡："谢东山慷慨复多情，天籁作龙吟。更绮罗如画，琴歌递响，渐入吴音。素手枇杷三酿，清气满衣襟。宴饮红尘外，旨酒先斟。也拟相逢长醉，伴太湖水秀，碧螺春深。纵别多会少，无意计浮沉。共人间，行踪流水，若等闲，朝市与山林。常携手，洞庭花好，绿到遥岑。"陆康老师将这首词当场书写赠送会老堂主人。上海诗词学会众师友进行了诗词唱和，这也是向古人致敬的一种轻松愉快的音韵训练。

在日常参与的与江南曲艺结合的文会雅集中，印象比较深的有"陆澹安专场评弹雅集"。陆澹安是书法篆刻家陆康的祖父，而陆康先生是对我影响最大的老师。当时的纪念专场演出，可谓是一场大型文人雅集，汇聚了评弹名家和沪上知名人士及广大爱

宴瑶池·会老堂

好者。由高博文主持，他也参与了《啼笑因缘》的演出。南社
的陆澹安是不世出的奇才，是国学大师、弹词作家、教育家、侦
探小说家、书法家。其侦探武侠小说蜚声海内外；他的《戏曲词
语汇释》是阅读古典戏曲的必备工具书；还开过电影公司，胡蝶
即由他在电影公司内授课培养，之后声名大噪。评弹专场云集了
上海评弹团诸多评弹名家，共同演绎陆澹安笔下的弹词作品，有
《啼笑因缘》《秋海棠》《九件衣》的弹词选曲和选段。《啼笑因缘》
是陆澹安根据张恨水小说改编成的长篇弹词，红遍江浙沪一带；
又应范雪君之请，根据秦瘦鸥小说编成《秋海棠弹词》，成为这
位"弹词皇后"的"看家书"之一；又为徐雪月度身编写了《九
件衣弹词》。陆澹安自许"曲子稗官从我好"，所写弹词唱词平仄
合律，文词优美，宜唱耐读，大雅不俗，灵动活泼。这样有声有

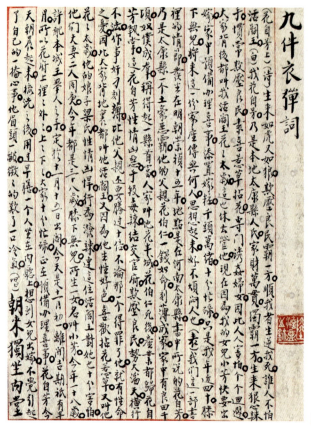

陆澹安 《九件衣》弹词手稿

色的雅集让人缅怀过往，穿越古今，沉浸在莺莺燕燕、离合悲欢之中，仿佛历经多彩人生。

在而今快节奏的匆忙俗世间，在单纯的理想渐行渐远的年代，作为一种风雅的生活范式与文化现象，形式多样、意义纯粹的文人雅集值得后人一再地追慕、效仿与研究。"今日天气佳，清吹与鸣弹。"让我们放慢脚步，在弦歌声声、诗酒唱酬中，偷得浮生半日闲。

扫码观看《我有嘉宾 鼓瑟鼓琴——
从江南文人雅集说起》视频内容

心目中的江南

/　高博文

　　高博文，男，国家一级演员。上海评弹团团长，中国曲艺家协会理事、上海曲艺家协会副主席、上海大学、上海中医药大学兼职教授。上海市非物质文化遗产代表性传承人。师承饶一尘，陈希安，赵开生等。台风儒雅、表演传神，为评弹"魏、沈、薛"流派公认传承人。代表作品有长篇弹词《珍珠塔》《文徵明》《描金凤》《明末遗恨》、中篇评弹《林徽因》《高博文说繁花》等。

评弹

发源于苏州
国家级非物质文化遗产
又名：苏州评弹

中国最美的声音

评弹是首批国家级非物质文化遗产

如果江南没有了评弹，那么江南还是我们心目中的江南吗？肯定不是了。评弹在江南百年来的扎根和浸润，影响了江南人的性格、行事和作风。

我首先说一下上海评弹团，今年正好是建团七十周年。上海评弹团是上海最早成立的国家文艺院团之一，创始人有18位。七十年来，上海评弹团一直在不断地传承和创新。评弹发源于苏州，兴盛在上海，是首批入选国家级非物质文化遗产名录的曲艺。

江南为什么这么吸引人？上海乃至长三角地区，在全中国乃至全世界一直是很受关注的，是非常吸引人的地方。从过去到现在，我们往上数三代是正宗上海人的很少，是海纳百川的上海吸引了大家来到上海创业、生活，今天更加是如此。我们在后疫情时代，看到整个中国，看到上海的吸引力。江南是一个宝地，乾隆皇帝也喜欢江南，江南的一切，他都喜欢，所以他结识了说书先生王周士，把他带到了北京，听他的书，并封他七品官衔，之

乾隆元年八月吉日

乾隆

吴中先贤谱　王周士

苏文画

王周士

后评弹开始声名大振。王周士被封官衔之后，并不是只考虑自己的名利，他想到了事业的传承和发展，成立了评弹界艺人的行业组织——光裕公所，真正把评弹发扬光大。

很多人会问乾隆皇帝听得懂评弹吗？你说苏州话，乾隆皇帝听得懂吗？我们去北方、去港澳台地区、去国外演出，很多人就会问他们听得懂苏州话吗？这是一个问题，但是这个问题不难解答。一切喜爱文化，热衷文化的地方并不受地域和方言的影响。我两三年前看法语的歌剧《莫扎特》，年轻观众非常踊跃，全法语，能听懂吗？听不懂。全英语的音乐剧我也不太懂，但是看着字幕，看着演员的表演，剧情的烘托，你会自觉地走到它的剧情中去。有一次我们去日本表演《杨贵妃·马嵬坡》一折，女演员唱完之后，我看到前几排的女观众泪流满面，这说明她们完全听懂了。所以语言不是障碍，通过字幕和演员声情并茂的表演，他们就能看得懂听得懂。就像我们 5 月 23 日在北京国家大剧院演

马如飞　　　　　　夏荷生　　　　　　蒋月泉

出，国家大剧院音乐厅1600座，晚上十点半开始，演到十二点半，评弹在一个大的音乐厅唱到午夜是从来没有过的事。为什么？好多北京的观众说我们就喜欢这种江南范儿，这是给我们最好的褒奖，所以今天江南文化那么受到重视和欢迎，我们应该为我们生活、工作的江南而喝彩。

随着王周士被皇帝召见名声大振之后，评弹开始迅速的发展、传播，出现了一大批流派。戏曲必须要有流派，这三位就是评弹界代表人物。马如飞是清代咸丰年间的大家，是我的上六代师祖，他创造了评弹流派马调。还有一位评弹的泰斗级大师蒋月泉，他创造了蒋调，是影响最大的流派唱腔。评弹中的弹词是说唱艺术，一般以"调"作为流派唱腔的称谓。

为什么苏州话是江南至关重要的语言？苏州话是吴语系的代表性语言，据说有8个声调，广东话有9个声调，我们把粤语歌翻译成普通话就不如原来有味道。苏州话8个声调已经很丰富了，而且标准的、有代表性的苏州话，现在在生活中已经听不到了，只有在评弹中能够听到。你现在去苏州，60岁以下的人讲的苏州话跟老一辈的比已经基本变掉了。为什么会这样？因为现在

20世纪初评弹向上海转移

的人受普通话的影响，还有生活互联网化、简约化，说话都简化了。比如我们上海话中标准的"我"的发音和现在小朋友口中的"我"，口腔中的运作已经完全不同了。蒋月泉创造了蒋调，用标准的苏州话讲"蒋月泉的蒋调"这六个字，它的8个声调的运用就比普通话丰富得多。

　　江南文化和海派文化一直是息息相关，你中有我，我中有你。20世纪初评弹中心向上海转移，评弹唱腔在当时的上海得到了弘扬，吸收了很多其他音乐的元素。为什么越剧、评弹和淮剧等都是到了上海之后才兴旺？一方面是上海经济的高速发展，另一方面上海人能听懂苏州话，而且当时的移民都是江浙两省的多，到了上海，人人都听得懂你的话，评弹对场地的要求又不高，所以它到上海来是得天独厚的。上海当时的移民有一个习惯，所有外地来的人在家里都讲家乡话，在外面都讲上海话。今天这个局面变了，现在大家出门讲上海话不大好意思，这个是不合理的，我们要理直气壮、大张旗鼓地讲上海话，所以我一直呼

《赏中秋》

七里山塘景物新
秋高气爽净无尘
今日里是欣逢佳节同游赏
半日偷闲酒一樽
云儿片片升
船儿缓缓行
酒盅儿举不停
脸庞儿醉生春

陆嘉玮、陶莺芸表演"白蛇传"的选段《赏中秋》

吁上海应该有一个广播频率，新闻、体育、娱乐都讲上海话，这是我的一个愿望，但愿能够实现。

以前说书先生出门演出叫走码头，评弹演出中心转到上海之后，形式多样化了，大致有书场、电台、堂会、唱片四种传播形式。薛惠君老师说她的父亲"塔王"薛筱卿先生，那个时候早上11点出去，晚上12点回到家里，在外面13个小时，就围绕书场、电台、堂会、唱片四个方面转，所以当时上海给了评弹一方水土，这个影响是巨大的。

接下来，我们请两位青年艺术家，陆嘉玮和陶莺芸为大家表演"白蛇传"选段《赏中秋》，因为过两天就是我们中国人阖家团圆的节日——中秋节。

谢谢高团长的介绍，非常高兴，也非常荣幸能够来到上海博物馆，为大家演唱一段评弹"白蛇传"中的《赏中秋》，在这里祝愿在座的各位中秋快乐、幸福安康。这段唱是评弹两位大师蒋月泉老师和朱慧珍老师当年的对唱。蒋月泉老师的蒋调借鉴了京韵大鼓和京剧的深腔，吸收了它们唱腔的特点，然后形成了韵味十足的蒋调。而俞秀山的俞调始创于清代，是用真假嗓结合的一种流派，非常适合女生的音域，也极具音乐性，久而久之成为女生演唱的一个基本的流派。

······

评弹艺术深刻影响着江南人的性格、社会风尚和价值理论。评弹其实是两个曲种——苏州评弹和苏州评话，我们在申请非遗的时候并为一个曲种。评话只说不唱，代表书目《三国》《水浒》《英烈》《隋唐》。弹词有说有唱，代表书目《珍珠塔》《玉蜻蜓》《描金凤》《三笑》。所以，大家对弹词有一个误区，觉得弹词就是唱，刚才说了"千斤念白四两唱"，唱其实是一部分，我们的五门功课是"说、噱、弹、唱、演"，评弹注重细节，讲究"理、细、趣、奇、味"，评弹的演也是表演者一人多角，跳进跳出，用声音、手势、神情的微妙转变来表现不同的角色。

评弹发源于明末清初，一路走来，今天还有这么强大的生命力，说明它的底蕴深厚，内涵丰富，这么多成功人士对评弹的感悟和热爱一定有它的道理。老一辈无产阶级革命家陈云同志，6岁开始听评弹。武侠小说家金庸先生是海宁人，他的小说中有很

陈云　　　　　　　金庸　　　　　　　李安

高博文表演评弹曲调作曲的苏轼词《水调歌头·明月几时有》

多都借鉴评弹书目的编演技巧和表现手法；李安导演、谢晋导演等对评弹非常的热爱，他们认为评弹表演方式对电影导演艺术是很有帮助的；外交官们对评弹情也情有独钟，非常热爱，因为评弹书中的智慧，评弹语言的技巧，评弹所蕴含的文化内涵给了这些外交官们不少启迪。

近年来，我们把评弹这一块江南文化典型的代表性曲种不断地扩大影响力，我们立足苏浙沪，辐射全国，影响世界。我们要把老一辈的流派、长篇传承好，一代一代要传下去。

最后，我用评弹曲调作曲的苏轼词《水调歌头·明月几时有》送给大家，但愿人长久，千里共婵娟。听听我们新创作的用评弹曲调谱唱的古诗词，是否既有当代的时尚感，也有昔年的古韵风。

扫码观看《心目中的江南》
视频内容

第五讲

咖啡文化和上海印象

时间：2021 年 10 月 9 日　19:00—20:30
嘉宾：徐　剑　陈丹燕
地点：上海博物馆学术报告厅

咖啡文化和上海城市精神

/ 徐 剑

徐剑，男，管理学博士，现为上海交通大学中国城市治理研究院（上海市重点智库）副院长，媒体与传播学院特聘教授、博士生导师，文化创新与青年发展研究院（上海高校智库、文化和旅游部行业智库）首席专家。近年来主持国家社科重大项目、重点项目、青年项目及其他国家、省部级项目20余项。研究成果获得第八届高等学校科学研究优秀成果奖（人文社会科学）一等奖等重要奖项。2019年被中国社会科学院评为"中国智库创新人才青年标兵"，2020年入选国家百千万人才工程，被授予国家"有突出贡献的中青年专家"荣誉称号。

感谢上海市社联，感谢上海博物馆，有这样一个机会和大家分享我的研究。

我的报告分三个部分。

第一部分，作为文化空间的城市咖啡馆

我本人的研究主要集中在城市文化、城市形象。我今年做了一个国际文化大都市评价，选了全球50个城市进行横向的比较，上海的综合排名在第八位，但是上海在若干个单项指标方面成为世界第一。令我一个不喝咖啡的人吃惊的是有这样一个指标，上海咖啡馆的数据在全球可比的几个城市中，是世界第一，而且是遥遥领先的世界第一。我做了一个数据比照，选择50个全球的城市，统一采用谷歌地图，在城市范围内去搜索关键词，包括咖啡馆的英文表述以及咖啡馆所在城市本国的语言，最后出来咖啡馆的数据，这成为我们进行全球比较的数据基础。

我找了最常见的四个城市：纽约、伦敦、巴黎、东京，另外观察了旧金山和上海。把这6个全球城市放在一起，可以看到在这些城市中涉及不同咖啡馆的品牌。伦敦咖啡馆的数量是585个，涉及的品牌特别多，共有491个品牌。上海的品牌最少，235个。但是我们发现上海咖啡馆总数是最高的，有7000多家。这里面就有一个问题，喝咖啡和咖啡馆是什么关系？我们比较了

表1 上海的咖啡馆数据与国际主要城市的比较			
城市	咖啡馆数量	咖啡馆品牌	咖啡馆数/品牌
伦敦	585	491	1.19
巴黎	551	487	1.13
纽约	587	401	1.45
东京	627	505	1.24
旧金山	454	358	1.27
上海	7285	235	31.00

注：数据来自百度地图、谷歌地图，截止到2021年1月

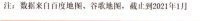
上海的咖啡馆数据与国际主要城市的比较

中国各城市咖啡馆门店数量指数排名

全球的城市，又把上海与其他国内一线城市进行比较。发现上海在全国也是遥遥领先，独树一帜的，所以我们经常讨论上海的文化特色是什么。对我一个不喝咖啡的人来说，我觉得咖啡是这个城市很重要的文化元素，这就是我们在数据上看到的。

我们发现在上海这个城市，它的咖啡馆的总数是很多的，但其实咖啡馆的品牌和其他城市相比，不占优势。也就是说对于上海来说，它是一个连锁咖啡店很多的城市。我们都知道咖啡店，比较重要的一个品牌叫星巴克，星巴克在全世界门店数量最多的城市就是上海，有800家。全国180个城市4300家，上海占了全国星巴克门店的近20%。我们都知道在南京路有一个星巴克全球咖啡烘焙打卡地。

这也让我们思考，为什么咖啡馆这样一些商业性的企业，要把上海作为一个最重要的市场？而且我们知道的是，开这么多咖啡馆意味着它一定是能赚钱，能持续经营下去的。我们也知道全国有很多其他的咖啡连锁品牌，其实很多都倒闭了，为什么在上海能开得出来？这让我们思考咖啡文化，或者是咖啡馆和这个城市的关系。

餐馆

咖啡馆

第二部分，咖啡馆和城市的品格：开放、创新、包容

开放、创新、包容是总书记在进博会上给上海定义的，恰如其分。

首先，城市品格的第一个特点：开放。

其实咖啡是一个舶来的消费饮品，它最早是出现在清末民初。1958年上海有一个铁罐咖啡在这里诞生。

在这个特征维度下，我们进一步思考咖啡馆是什么？我们认为咖啡馆是一个空间文化。这里有两张从网上下载的图。左边是一个很典型的餐馆，右边是一个很典型的咖啡馆。这个图很有趣。我们去看无论是餐馆还是会议室，我一直把它称为权力空间。什么意思？我们都知道主人坐北朝南，这个有一系列的讲法，买单的可能坐在最靠近门口的位置。根据不同宴会的性质。我们知道每一个座位都是有讲究的。

但是咖啡馆不一样。我们去咖啡馆，比如说你和一个朋友约喝咖啡，你先到，你不会在意自己坐在哪里，什么位置都可以，

咖啡馆可以通过构建自由交流的空间促进创新

可能可以把靠窗的位置留给朋友，表示对他的尊重。所以我们讲到咖啡空间，我认为很重要的它是一个平等、开放、讨论的空间。

其次，城市品格的第二个特点：创新。

从某种程度来说，我们去看咖啡馆的空间设计，这个创新不仅包括科技创新，也包括商业模式的创新，甚至包括写文章的灵感。有科学研究表明，在公共场合中可以提高工作效率，因为适当的噪音可以促进大脑处理信息时的流畅度。我们经常有这种经验，我们自己坐在书房想问题，然后就很头疼，或者坐在办公室讨论，这个时候索性就去咖啡馆喝杯咖啡，聊一聊，放松一下。我们在咖啡馆这个时候的噪音，分贝大概在70分贝左右，不高也不低。但是在这样一种空间下，适度的嘈杂，能够适度地让人产生创造。我们讲的是适度的，绝对不是前面说的餐馆包房中的声音，包房中的声音都是酒杯碰撞，大声嚷嚷。

我们想象一下在咖啡馆和人交流，你说你的，我说我的。我们看到了一个很有趣的现象，咖啡馆的密度和创新是有关联的。

"熊爪"咖啡

我们去看无论是高科技园区或者是创业园区，好的咖啡馆是必备的，它是一个促进人思想交流的。我们讲什么是创新？创新一定是来自不同学科知识，只有不同学科或者跨越学科边界的交流，才可能带来创新。

第三，城市品格的另一个特点：包容。

我们都知道有一个咖啡叫"熊爪"咖啡，在这样一个故事下面我们去思考，为什么上海在这样一个黄金地段，给这些残障人士提供了这样一个工作机会？残障人士可以有机会通过努力工作回馈社会，而社会也回馈他们，大家争相来购买一杯 20 元的咖啡。

我 1994 年来到上海，那个时候最深的感受是，我出去买东西，大家说的都是上海话，但是我们现在大街上说的都是普通话。其实我们看南方相关的大城市，日常普遍的交流语言都是当地方言，但是上海的普通话已经成为主流，也就是说上海这个城市是欢迎全国乃至全球的民众来到这里。

我一直讲上海这个城市创造了中国城市乃至世界城市最伟大

的发展奇迹。为什么？来自联合国人类发展指数中一个很核心的指标，上海的预期人口寿命已经达到了 84 岁，在全球可比的大城市中已经排在了前三。这是什么概念？我们经常讨论退休年龄问题，男性 60 岁，女性 50 岁，当然现在可能要延长。其实当时这个退休年龄制定的时候，中国人口的人均寿命只有 40 岁左右。也就是说我们从 1949 年 40 多岁的预期寿命到现在 84 岁，上海是全国人均寿命最长的城市。经常有朋友问我，中国哪个城市最适合养老？我说最适合养老的城市就看哪个城市人口的预期寿命最长，也就是上海，上海是一个最适合养老的城市。

上海这个城市开放、创新、包容，作为一个现代化的中国城市代表，而且也发展出了自己很有趣的一个城市文化，就是我们说的咖啡文化。

第三部分，咖啡文化和上海的城市生活。

咖啡在上海是品质生活最重要的代表。

上海是最早接触西方的窗口之一，咖啡已经在上海成为品质生活最重要的代表。我们从饮品的消费来说，上海一年人均大概是 20 杯，在中国是第一。但是在世界上的量不高。最重要的是什么？为什么我们会有 7000 多家咖啡馆？我一直讲我们去咖啡馆喝的不是咖啡，我们喝的是一种生活的品质，去感知这个城

1922-1937年国产电影中出现或涉及在上海喝咖啡的场景		
片名	年份	场景
《南国之春》	1932	李小鸿喝咖啡，洪镛在家招待朋友
《野玫瑰》	1932	素会上小凤、江波和其他客人喝咖啡
《姊妹花》	1933	二宝的女仆端咖啡
《恶邻》	1933	华仁在家招待朋友
《体育皇后》	1934	林璎家招待客人
《新女性》	1934	韦明与王博士在舞厅附设茶座；韦明与余海涛在编辑宴会面
《渔光曲》	1934	何子英留学归来与客人会面
《女儿经》	1934	严肃与弟弟在舞厅茶座；徐玲老派装扮的丈夫回家喝咖啡吃点心；徐莉与情人在家约会
《风云儿女》	1935	晓夫人与辛白华在家中吃西式早餐；二人在青岛的咖啡馆小坐
《都市风光》	1935	张小云与追求者在咖啡馆闲坐
《迷途的羔羊》	1936	沈太太在咖啡馆约会
《如此繁华》	1937	李太太在家招待陶春丽
《新旧时代》	1937	老派装扮的二姑夫在家喝咖啡

参考资料：邢军. (2018). 早期上海电影中的咖啡文化与Party社交. 当代电影, 5.

1922—1937 年国产电影中出现或涉及在上海喝咖啡的场景

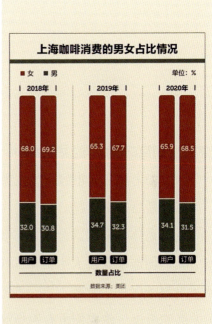

上海咖啡消费的男女占比情况

市生活的品质。我在"城市软实力"的文献中提出，上海是一个什么样的城市？上海是一个非常具有人文关怀的城市，建筑可阅读，街区可漫步，其实我觉得在若干年后，可能再加一句，就是和咖啡有关的。虽然我从不喝咖啡，但是我感觉咖啡和这个城市的文化，和这个城市的特质紧密地关联在了一起。

咖啡在上海是一种女性主义的消费投射。

我们都说上海是全国最尊重女性的城市，这种尊重不是我们女权讲的冒进，而是一种非常理性、客观尊重女性的一种能力。我们看到在喝咖啡的人群中，基本上女性和男性的比例是七比三。这不是科学的抽样调查，我就是问了问身边的朋友。男性喝咖啡基本上目的性很强，谈一件事，见个人，而女性去咖啡馆喝咖啡是沉醉在喝咖啡的文化之中，这是我的一个观察。

咖啡在上海和城市经济的发展有密切关系。

回到最后一个话题。

我们为什么来到这个城市？我们来到这个城市一定是这个城市给我们创造了实现人生价值的机会。我们来到了这个城市，最开始是为了生存，要赚工资，要养家。生存以后，我们讲这个城市发展的奇迹，使我们所有来到这个城市的人得到了发展。

我们需要什么样的生活？我们的生活该被赋予什么样的品质，也就是说如何去实现美好的生活。我这里用了上海世博会的口号："城市让生活更美好"。我认为正是这个城市，我们当下所在的这个城市，给我们的市民，给我们的世界传递了一种价值观，我们来到这个城市，不是生存，而是为了更美好的生活。

扫码观看《咖啡文化和上海城市精
神》视频内容

"上海三部曲"和陈丹燕眼中的上海

/ 陈丹燕

　　陈丹燕，女，上海市人大代表、上海市作家协会理事、专业作家，享受国务院特殊津贴专家，塞尔维亚旅游局中国形象大使。代表作有上海三部曲——《上海的风花雪月》《上海的金枝玉叶》《上海的红颜遗事》，外滩三部曲——《外滩：影像与传奇》《公家花园的迷宫》《成为和平饭店》，以及《陈丹燕的上海》等，创作执导中国和塞尔维亚合拍电影《萨瓦流淌的方向》。作品被译为英、德、日等多国文字，并获得上海图书奖一等奖、台北《中国时报》和《联合报》年度文学奖，奥地利国家文学奖金奖，联合国科教文组织文学金奖，塞尔维亚国家旅游局特殊贡献奖等。

我今天要讲一讲上海。我跟大部分生活在上海的人一样，来自一个移民家庭。大概三四岁的时候，我爸爸妈妈从北京搬来上海。像我这样的移民家庭，在上海并没有那么多的根基，比如说我们家在上海没有亲戚，所以我父母一直带我去他们的朋友家玩，我们并不跑亲戚，我对这个城市始终觉得是有一点陌生的。

　　我在 30 岁的时候，去了德国，在慕尼黑的青少年图书馆工作，那是我第一次离开家。在德国的很多时候，我觉得很不适应，跟我想象当中的欧洲有巨大距离，但是又觉得有特别奇怪的、熟悉的感觉。举一个例子，德国有很多假期，我在德国没有朋友，没有亲戚，所以我就用那些假期去旅行。有一次我去了德国和法国边境上的一个城市，现在属于法国。早晨我去吃早饭，路过街道看到有两个小女孩子在"跳房子"，我发现我也会跳。最上面是一个椭圆，上面写了法文，我不认识法文，我就问小孩子上面的法文是不是这个意思，旁边有一个人就说你说对了。我就说我 7 岁的时候就知道了，那个小方块要踢到半圆上。那次旅行让我对上海睁开了眼睛，我发现我特别想要了解的是为什么一个从来没有去过欧洲的人，在欧洲看到这么多我熟悉的东西，那是写《上海的风花雪月》的起因，其实是在田野调查的过程中找到自己。

　　《上海的风花雪月》这本书，当时上海的出版社不要，他们

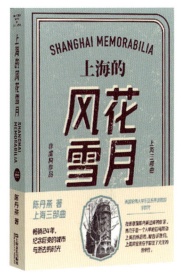

《上海的风花雪月》书籍封面

觉得里面带了很多照片，成本比全是文字的书要高，而且那个时候没有什么人想要真的了解上海。那个时候夜校第一是学英语，第二是学广东话，那个时候广东话是非常时髦的。后来北京的作家出版社说要，但是我们只印了 10000 册，因为不知道能不能卖得好，其实那个时候我的书已经卖得很好了，10000 册是很低的起印书。我想要用那些照片和文字证明上海也有历史街区，上海有自己的风貌，现在我们上海有 12 片历史风貌保护区。于是，这本书开始卖，第一个月编辑就说卖光了，要加印 3000 册。过了两个礼拜，他说又卖光了，我们就加印 10000 册，后来又说加印 30000 册。我们就像做梦一样，觉得怎么可能。其实我是命好，那个时候中国正好开始城市化，所以跟城市相关的故事就变得有意思，大家想要看看。其实我们大家都很疑惑，都觉得你是不是踩了狗屎运。我的编辑到上海来找我说，我们第二年应该要跟一本书，你还有故事要写吗？我说我采访了一位老太太，我很

《上海的金枝玉叶》书籍封面

喜欢她，她有很多老照片，所以我可以写一个传记，也就是《上海的金枝玉叶》。

这本《上海的金枝玉叶》一直在畅销书榜上，五年新版一次，就会上畅销书榜。去年有一个咖啡商要和我一起合作，就是做一款上海金枝玉叶的特调咖啡，其实今年的夏天我一直在试咖啡。他说你想要什么？我说我其实不喜欢很贵的咖啡，我其实想要云南豆，我喜欢云南豆。他就问我想要什么口味？我说我其实想要的是大家读完这个书以后的感受。其实《上海的金枝玉叶》是一本非常女性的书，是讲女性有什么样的力量来经历和接受自己生活当中的不容易。他说如果是女性的咖啡，我们要不要在风味里烘焙出焦糖的味道。我说如果是焦糖，我情愿是红糖。因为在江南女性中，我们一生喝很多红糖水，这个不舒服、那个不舒服就泡一点红糖水，放一点桂花。我就问他能不能靠烘焙，让咖啡豆散发红糖的味道吗？他说可以，我们试试看。烘完之后，我们就尝试，就充满仪式感的进行，温度从 80 度到 60 度的时候，红糖味道完全出来了，很奇妙。它是咖啡，没有一点点糖，但是闻的时候有非常明显的红糖味道。他说我们再尝另外一款，另外一款是冷的，这款冷的就有咖啡原来更多的香气和苦的味道，喝在嘴里很干净，咽下去之后，你的嘴里才感受到红糖的味道。他就问我喜欢哪一款？其实我两款都喜欢。大部分人看了《上海的金枝玉叶》的故事，知道她经历过这么多的不容易，但是她很有自尊。她去世前一个礼拜，我看到她，她依旧非常漂亮，所以她很合适那一款随着温度降低，红糖味道越来越明显的那一款，她很甜蜜，很会安慰人。有一个咖啡烘焙师一直在烘豆子，她说她每个月都要喝红糖水，但是她一闻到红糖的味道就想起了身体上的痛苦，其实这个对于这个姑娘本身来说是非常复杂的。我说这是我想要的，你看完这本书之后，你第一同情人生的不容易，第二赞美她的坚强，第三赞美一个女人的自尊，它就应该是复杂的味道。

我书里的场景差不多都是在我从小生活的街区或我从小听到的街区，所以"上海三部曲"大部分来自现在的"衡复风貌保护区"。

写"外滩三部曲"的时候，我发现我的材料不够了，因为在我写的时候，我们的档案馆里没有外滩的档案。我想看怡和

"上海三部曲"与"外滩三部曲"

洋行的档案，但是怡和洋行的档案在香港，要我写申请报告，就是为什么要看怡和洋行的档案。我说我要写书，我找不到怡和洋行在上海的档案，他们不对我开放档案，我很生气，我想我一定要看到我应该看到的档案。我在伦敦住了一个月，天天去大英图书馆，那里有远东的文件。在那里我找到了沙逊写给英国外交部的一份报告，是上海马上就要跟日本开战，马上要被日本占领的前夕。他的这份报告对我非常有用，他在这份报告中说了几件事。说日本一定要夺取上海租界，它不会允许上海的公共租界、英租界和法租界存在。但是中国人一定会把所有的外国人都赶出去，所以他有一句话，我的印象非常深刻，"上海最后是上海人自己的上海"，意思就是中国人自己的上海，他是对的。所以他在太平洋战争爆发的前夕，就把沙逊洋行在上海所有的资产、动产都移走了，留了和平饭店，还有一些房产，他绝大部分的资产都移走了。在大英图书馆我看到了很多关于沙逊洋行的记录。维克多·沙逊还是挺厉害的。日本的海军大佐请他在华懋饭店的牛排屋吃饭，就问他为什么反日？他说他不是反日，只是格外地亲英。日本人问他如果不跟日本人合作，你怎么处理在中国的资产。他说当你的邻居家里已经遭了盗贼，你认为聪明的人还会把自己的家产留在自己家吗？这个日本大佐就很不开心。在日本人占领上海之后，这个日本大佐就住在和平饭店楼顶沙逊的房间里。他住下来的第一件事，就是把沙逊留下来所有家具的腿都锯断了，因为日本人的家具比较矮一点。对于外滩的那些调查，其实出于一个骄傲的念头，就是我也有能力写大家都不能否认的上海，整个过程给了我极大的教育。我是一个作家，不是一个历史学家，如果我不写这个内容，我不会这么仔细地辨真伪，去研究它，我是为了自己的写作，但是这给我这个移民的孩子奠定了认识这个城市的基础，我觉得这是我非常感激的，我感激我自己的写作，它让我从一个外地的小孩子，慢慢开始认为上海是我的家乡。

我父母过世，要在上海选一块墓地，这个时候我觉得我是一个彻底的上海人。这个认同，一开始是作为一个上海作家的认同，但是现在完全是作为一个上海居民的认同，我感激我的职业，让我能够有这样一个回乡路。我妈妈出生在辽宁，但是她埋在上海。我爸爸出生在广西，他也埋在上海。我可以说，我是一个上海人。到了这个时候，"上海三部曲"和"外滩三部曲"写完了，然后去写《陈丹燕的上海》，那个时候我可以说，我有自己的上海故事要写。但是对于一个作家来讲，对于一个移民小孩

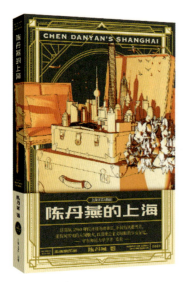

《陈丹燕的上海》书籍封面

来讲，这是一个非常漫长的道路，但是也是非常令人欣慰的道路，移民给予的力量和这个城市本身认同的结合，这样的结合对于上海的故事来讲，它会变成一种一半外乡人在看。

我觉得最安慰的一件事发生在今年春天。今年春天，我认识了一位很优秀的建筑师童明，他出身于一个建筑世家，他爷爷童寯是梁思成的学长。我和我先生在武康大楼做居民口述历史，他租在一楼，所以我也要做他的口述历史。我算是写了很多书的人，但是如果和口述史比起来，做口述史就相当于开一辆卡车，很累，但是非常有意思。我们做这个口述史，要回溯到开始的时候，所以要从《字林西报》的黄页开始查。我查了1931年住户，住了一堆外国人，很少有中国人的名字。还查了太平洋战争爆发之前的那一年，并进行对比，看看哪些人走了哪些人还留着，接着就想我们要不要查一下1942年、1943年的住户信息，但是那个时候《字林西报》已经没有了。我们在徐汇区公安局的

维克多·沙逊

帮助下，去看派出所的户籍登记，看看武康大楼有哪些人住，这是非常漫长的过程。突然发现，我可以慢慢做对比了。在我写的这些书中，"外滩三部曲""上海三部曲"，还有一本《陈丹燕的上海》，两个长篇小说和一部口述史，这些人物慢慢地集中起来，就可以做对比。我觉得有两个人很有意思，一个是维克多·沙逊，一个是荣毅仁。他们两个人都是本科学历，在大的历史改变的关口，都做出了有过历史研究训练的人能够做出来的最正确判断。维克多·沙逊在报告中写到日本人一定会占领上海，中国人一定会把上海从日本人那里夺回来。

　　我慢慢地发现年轻人很有意思。《上海的风花雪月》每五年修订一次，原来的200多页，现在已经快到400页了。我现在就在采访下一代人，我觉得这是上海精神慢慢在传承，非常有意思。最近一次我采访的是一群爬楼党，他们都喜欢在上海最高的楼上看上海。他们看到的是什么？我就开始看他们拍摄到的照片。看到上海在天空中的摩天大楼，非常的高科技，非常的魔幻，能想象出来大家所说的"魔都"，它真的是从天上看的，那些年轻一代对天空中无限长高的摩天楼的喜爱，跟茅盾在《子夜》第一章中写得非常相似，就是那些声光电给人带来的刺激，年轻的感觉，爆炸的感觉，它是非常有象征意义的。对于年轻人来讲，他们爱这个地方，因为这个地方充满了力量和魔幻感，有很强的未来感。这些年轻一代跟上海急速发展的魔幻都市联结在一起。我们很想讲保护老房子的问题，这个街区不要拆，那个地方要留着，因为它有我们童年的记忆，这个是和摩天大楼形成反差的。上海的精神跟纽约非常接近，就是高了还要高，快了还要快，亮了还要亮，有那种无限往前冲的勇气。我觉得年轻人继承了这些东西，很有意思。我调查了一个年轻人，他要做一个项目叫作"上海的高度"。以前上海最高的高度是龙华塔，在他调查的时候就是上海中心，已经差了很多的层级，他说他就喜欢看着摩天大楼一点点长高。很长一段时间里，我们城市最高的是中苏友好大厦的五角星，然后就开始跳，联谊大厦、东方明珠，不断地往上涨。我们常常听到年纪大的人讲，要那么高干什么，那么多的摩天大楼，但是年轻人是真的喜欢，看到它，就感觉是整个城市向上的力量。

　　我采访过贺友直的孙子。他去世之后，他的孙子把他住的房子以及房间，按照比例缩小到一个沙盘这么大，连放在房子角落的冰箱因为有冷凝水出来，墙上有一块霉，他都用油画颜料把它画下来。这是年轻人在急速变化的世界中，也要留住他从小的记忆。其实在采访年轻人的过程中，就可以看到城市的发展。我们仔细对照上海城市的精神，它有无限的机会，同时有一种非常强劲的生命力，它要往前走，所以在这个过程中可以看到精神在传承，这是挺了不起的地方。

我后来在《陈丹燕的上海》一书中调查上海出产的国货，最开始是因为要修订，六本书中提到上海的日常用品，我想做一个小册子当索引，后来我发现这个很有意思。上海其实一直有这样一种精神，你比我好，我向你学习，我向你学习的目的是我要像你一样好，然后有一天我要比你还要好，其实上海的国货在一段历史中是向全中国输出了生活方式。所以和我一起工作的人，我们一起做一个印有"上海"字的包，主要是为了装这七本书。和我们一起做这个包的人不是在上海长大的，但他说一定要把这个包做好，他的爸爸是江西一个中等城市的采购员，这个包给他的记忆很深刻，他说他爸爸要去上海出差有一个清单，要买上海的糖，上海的的确良，这个包拉开之后就像一个百宝箱，所以他说一定会做好这个包。这个包我们后来做了改良，原来是四方的，原来的拎带更短一点，现在更长一点。这个包的生产商，他的爸爸妈妈是福建前线管雷达的解放军，他说我小时候看到过这个包，我一定要好好做这个包，所以用的每一个零件都是最好的。我在向我们自己的国产品致敬，20世纪50年代至80年代中国人没有办法买舶来品的时候，上海是向全中国输出城市生活方式，比如说这个包，包里有奶糖，我们泡六颗大白兔奶糖就相当于泡了一杯牛奶。我们有自己的球鞋，质量也很好。我找到我们自己生产的上海牌小轿车，那个时候上海没有生产线，上海牌小轿车是上海最好的老师傅们用手工敲出来的，完全手工敲出来的，非常的漂亮。还有手表、胶鞋，回力鞋等。我们的紫雪糕、冰砖、万年青饼干，其实在三四十年代的时候都有前因，比如紫雪糕，这个紫雪糕来自白雪公主，我们说不要白雪公主，我们要光明牌。我们的大白兔来源于迪士尼动画，后来我们就说不要迪士尼的动画，就变成了我们自己的大白兔。有很多都是脱胎出来的，但是慢慢地形成上海自己的手工艺品，我觉得这些很了不起。当时上海品向全中国输出。我的责任编辑是云南人，设计师是江西人，帮我做包的是从小在福建长大的，但是他们受惠过上海的国产品，也都一起帮我做这些事。所以我觉得每一次写书对我来讲都会变成一个很好的学习的过程，它帮助我从一句上海话都不会讲的移民孩子，大家会说你会讲上海话了，你是上海人，慢慢地我认为我是上海人。到写《陈丹燕的上海》的时候，里面有一篇文章是对比，现在应该是万国公墓，有一部分在宋庆龄陵园里。我去万国公墓里找墓主的名字，发现有很多姓都拼错了，但是因为这些移民来自世界各地，中国的工人不知道这个字拼错了。和我自己家的墓地对比，我觉得这个就是一个认同的过程。这个认同的过程，对于我来讲不是为了写作而认同，是在写作的过程中慢慢地觉得自己是上海的作家，我认为上海是我的家乡，其实这种心理的认同感是伴随着这些书的写作。我觉得上海人是非常喜欢世界的。

最后讲一个小故事。我在写"外滩三部曲"的时候写了黄浦公园，大家知道黄浦公园有一段抗争的历史，就是谁能进，谁不能进。写黄浦公园的时候我发现有一个小公园在苏州河上，它是上海一个道台聂缉椝建的华人公园，聂缉椝写了一个很大的牌匾，上面写了四个字"寰海联欢"，也就是现在讲的"海纳百川"的精神。租界的公园仍然是有限度地向华人开放，但是华人的公园欢迎所有的人来，其实我们的公园比租界的公园小很多，但是欢迎你来，因为"寰海联欢"，我们欢迎所有的人。

我采访完这个故事的时候，作家协会就派我采访世博会，世博会对于我来说是一个非常大的教育，你会看到世博会欢迎所有的人来，所有的场馆都是小白菜在服务，中国的员工在服务，如果没有他们，世博会是开不了的。世博会主题曲里面有一句话"微笑的你我开始热烈爱世界"，我觉得这个非常符合上海人，上海人的确是非常热烈爱世界，这是我理解的上海精神。

扫码观看《"上海三部曲"和陈丹燕眼中的上海》视频内容

第六讲

江南的民俗与社会生活

时间：2021 年 10 月 23 日　19:00—20:30

嘉宾：仲富兰　张经纬

地点：上海博物馆学术报告厅

乡村民俗美学与江南古镇建设

/ 仲富兰

　　仲富兰，男，上海市民俗文化学会会长，华东师范大学社会发展学院教授，博士生导师。著有《江南民俗信仰》《中国民俗学通论（三卷本）》《上海六千年（三卷本）》《上海小史》《中华风物探源》《水清土润：江南民俗》《上海民俗——民俗文化视野下的上海日常生活》《醉上海》《民俗传播学》《节日里的中国》《图说中国人生礼仪》等四十多部著作，部分论著被译为英、俄、日、韩等国文字，并承担多项国家与上海市的文创研究课题。

谢谢大家晚上有空和我一起分享《乡村民俗美学和江南古镇建设》的内容。

讲这个题目之前，我先简单讲讲民俗的概念。什么是"民俗"呢？用简单一句话讲，它既是物质的，又是精神的；既不是物质的，也不是精神的，它是物质和精神的一个中介，理解这个概念很重要。就像我们现在去青浦朱家角古镇，古镇上有一座桥叫放生桥。这座放生桥上有一株石榴，这株石榴不是人为种植的，是鸟雀把含有石榴种子的鸟屎留在石头上，从石头缝隙里慢慢地长出来的，当地的老人讲这个很吉利。石榴，留石，就是石榴能够使石桥牢固的吉兆，这就是民俗。首先有一个具体的实物——石桥，它可以被感知的，但是这里面所反映的观念是精神上的，是看不见的。我们现在办喜事，要发糖果给大家吃，是含有特定的精神含义的。糖块是一个物质，但是里面的喜气，包含的吉利是精神的东西。所以，所谓民俗是物质和精神之间的一个中介。

我今天与大家讨论两个问题：第一个是乡村民俗美学的三大价值，第二个讲古镇要素及其活力。

首先，讲讲乡村民俗美学的三大价值。

这个主要是基于习近平总书记 2013 年在中央城镇化工作会议上的一个讲话，他说"乡村文明是中华民族文明史的主体，村

金山亭林"稻田画"

庄是这种文明的载体，耕读文明是我们的软实力。"含义是很深刻的。

2020年在金山亭林镇的稻田里出现了一幅画，在田野里画了一个老人，这个老人是一千五百年前一位很有名的学者顾野王，顾野王（519—581年），原名顾体伦，字希冯，吴郡吴县（今江苏苏州）人。南朝梁陈间官员、文字训诂学家、史学家。因仰慕西汉冯野王，更名为顾野王，希望自己能像冯野王一样在文学方面取得成就。由于长期居于亭林（今属上海金山区），人称顾亭林。历梁武帝大同四年太学博士、陈国子博士、黄门侍郎、光禄大夫，博通经史，擅长丹青，著有《玉篇》。陈太建十三年卒，诏赠秘书监、右卫将军。后代顾炎武，清初思想家，号亭林，亦称顾亭林，以表追慕先人之意。他在金山亭林镇读过书。为了纪念这个老人，如今的人们在这个稻田里画了这幅画，这个画有三个价值：

自然美。区别于城市的"喧嚣"与"快节奏"，恬静、原真、非职业化的情感，在乡村这般温淡如水的日常中显得更加温情脉脉。还未被现代文明浸染完全的乡村，正不断激起人们寻找精神家园的欲望，城市化越是发展，乡村美学的价值便越是凸显。乡村美学的复兴顺应了当下的怀旧乡愁。

物态美。物态是农耕的美体现在人与自然的和谐共生。新产业美是基于农业文明自然崇拜之下的精耕细作与现代有机农业产业链的延伸，在传统家庭式农业和现代规模化经营中找到一个平衡点，构建乡村产地属性、品类属性的特色产业平台。整合乡土资源，形成差异化、品牌化的最优配置，让具有乡村特色的产业美释放出文化体验的潜力。

人文美。乡村民俗之美综合体现了东方伦理型生活方式，也包含了乡村物、事、人、景等众态交集的过程。村中的家谱、题额、碑刻、中堂、祠堂、神庙等伦理与信仰空间通过对天地与祖宗的尊崇不断教化着族人。因此，渔樵耕读、崇文尚武、清白传家等人文风尚得以形成涓涓细流，世代延续。

第二，古镇要素及其活力释放。

国家和政府很重视，不仅要把城市建设好。大家都注意到了，上海在城市建设中把"边边角角"基本上都用起来了，连高架下面的地方也建造了运动场，有的地方搞绿化，上海有 500 多个小公园。但是对于乡村农民来讲，也要把古镇建设好。

金山亭林"江南第一松"

元代文学家杨维桢

金山有一个古镇叫亭林，在远郊，交通还不大方便，但是那个地方很值得去，就是纪念这个顾野王。上海这个"沪"字就是这个人提出来的。上海人为了沪的简称就不应该忘记他，他是一位文字学家，学问很渊博，又是一位历史学家。到元末明初，有个叫杨维桢的文士，他本是浙江诸暨人，后来到上海这块风水宝地聚众讲学，与陶宗仪毗邻而居，后逢六十寿辰，门人为其庆贺，他植松于庭以志，历经六百六十余年，仍傲然屹立，四季常青，被誉为"江南第一松"。杨维桢有一个朋友叫吕良佐，也很有名，他们的交往，就是今天的金山吕巷镇镇名的由来。他们都是元朝末期的人，吕良佐的家乡在今天的金山吕巷镇。吕巷镇原来的名字叫"璜溪"，因为杨维桢和吕良佐都是文人，发起了很多活动，当时他们出了一个题目，让天下的文士来投稿，因此而举行了一个文士聚会，叫"应奎文会"，后来得到江南以及北方各地学者响应，来了700多篇投稿，后来选了40多篇，开设了"应奎文会"，那个时候，人到上海来不像现在有高速公路，交通便捷，那个时候路上都要几个月才能过来。

古镇历经千年，是一个活着的生命体，怎么样把它搞得更加好，能够把底气和文脉接续起来。现在乡村有一个很大的问题，就是空心化。青壮年都去城里打工，家里留守的都是老人和小孩，建设这个乡镇的主力军都不在家，这就产生了乡村空心化。

不像上海，上海的农业产业搞得比较好，青壮年都在家里，这样建设就有了巨大的力量。

怎么把古镇搞好？我认为，古镇是一个物质系统，任何一个古镇首先就是一个物质系统，有房子，有街道，有建筑物，这些都是物质的。古镇还有一个精神系统，这就是刚才提到的民俗，是物质和精神之间的桥梁，不仅是物理的场所，它还有很多精神的走向。说到底，古镇不是博物馆，更不是沙盘、舞台和化石，不是专供外宾观光的公园、游乐场；古镇是居民的世代住所和家园。它拥有自己的邻里乡亲、生命记忆以及社区网络和历史传承。一座活着的古镇，其生命和灵魂便是城里的居民——是活着的居民创造、充实并延续了城镇的根基与底气。

让老建筑讲故事，只是古镇物理形态所凝结的故事，但古镇更是全体居民的生活空间，它还有公共空间与主题事件，独有的空间布局、社区结构及人际网络保存和持续着自古相承的地域文化。王国维大师讲过"最是人间留不住"，什么东西都要走，一代一代人都要走掉，所以怎么样把一代一代人情感的记忆，把一种非物质的东西转变成现代人能够传承的，所以要物化或者活化，让它有温度，可感知。

国家拿出大量的财政费用，在古镇上造了社区活动室，比如我去看过有个别的古镇，也叫社区活动中心，但是又不好好经营。一开始很新，领导来剪彩，花了很多钱，但是一年半年之后积了很多灰，这个对当地居民有什么用？我们实事求是讲，最多就是汇报工作的时候说搞了多少个活动中心。任何建筑物要建造它，就需要多考虑将来怎么样利用这个建筑，怎么样维护这个建筑，这里有多少成本，要不停地搞活动，才会焕发生机。我也曾呼吁好好搞古镇建设，不能"剪纸花"，纸花再好看，没有生命力。我们要养真的花，要浇水，要让人民过上好日子。正如2020年政府工作报告中讲的："坚持生命至上的文化张力；民众安居乐业的诸多课题；攸关发展全局的物质基础；创造一流环境的源头活水。"

乡村美学包括自然美、物态美和人文美。在乡村，无论是原生态，还是人与自然的和谐共生，以及东方伦理型生活方式，都不断激起人们寻找自然精神家园的欲望，"区别于城市的'喧嚣'与'快节奏'，恬静、原真、非职业化的情感与生活在乡村这般温淡如水的来来去去中显得更加温情脉脉。"

乡村美学的前提，当然是村容整洁。曾几何时，因为城乡二元结构，上海也存在农村卫生环境脏乱差的情况，如今这种现象在上海越来越少见了。要有效改善农业生态环境。既整洁有序，又保留了鸡鸣犬吠的乡村特色，各种民宿，如雨后春笋般涌现。发展现代农业，让有限的土地产生更高的价值，是上海农业发展的方向。

上海是海派文化的发祥地，先进文化的策源地，也是文化名人的聚集地。这"三地"就明确指出了包括上海古镇在内的整个城市文化建设的方向。郊区古镇有三个子系统：自然生态系统、城市经济系统和民俗文化系统，应该并行不悖，任何偏颇或者顾此失彼，都会影响这三个子系统的协调运行，而这对于古镇文化的命运生死攸关。硬实力，软实力，两手都要抓，两手都要硬。为什么上海在全国乃至世界很有实力，这个实力不在于你造了多少高楼大厦，在于这个城市的文化品质也是非常高的，我们的城市系统、远郊的古镇建设，都有张力，有文化力量，这就是城市的软实力。

我今天的讲话，概括起来就是12个字：理家底、讲故事、养鲜花、重民生。这里面每一个字都很难，厘清家底也很难，要讲好当地的故事也是很难的事情，还有一个是养鲜花，这也和现在运行的机制有关系。最后就是为了要让人民过上非常好的生活，要更加重视民生。

扫码观看《乡村民俗美学与江南古镇建设》视频内容

上海清末年画中的民俗与历史

/ 张经纬

　　张经纬，男，上海博物馆副研究馆员，人类学专家，专栏作家，译者。从事中国古代史与文化研究，致力于向公众传播学术新知。著有《四夷居中国》《诸子与诸国》《博物馆里的极简中国史》《从考古发现中国》《与人类学家同行》等，译有《石器时代经济学》《伊隆戈人的猎头》等。

门神年画

感谢今天到场的各位朋友们，也感谢仲老师高屋建瓴地把关于民俗的重要含义，讲得如此丰富，概括得非常清晰。既然仲老师已经开了这么好的头，我就顺着他说一些具体的民俗，具体的和民俗有关系的年画。

我在上海博物馆的工艺研究部工作，在工艺研究部中，门类非常多，大到明、清的家具，小到一张邮票都是我们关注的主题。我们今天拿出来分享的就是年画。大家不要以为上海博物馆都是国之"重"器，我们也有举重若轻，但同样包含丰富历史价值和内涵的藏品。今天就从一些比较好玩的年画开始讲起。

打我们小时候开始，我们头脑中关于年画的记忆，基本上就是这样。比如过年的时候门上贴两个门神，防止一切不好的东西到家里，保障家里的安全。过年时贴年画，是一个传统的民俗。

年画的主人公我们耳熟能详：秦叔宝、尉迟恭。这是民俗中很常见的一对主人公。这两个人可以长成这个样子，也可以长成这个样子。这个是我们头脑当中年画标准的造型。年画同样也可以非常的可爱。除了威武的两大门神之外，还有这些胖娃娃，甚至是和合二仙也可以成为年画的主题，都很有意思。

除了这些我们司空见惯，头脑当中早就有的年画形象之外，在清末的上海涌现出一些和传统不一样的年画，我觉得很有必要和大家分享一下。

这个年画长这个样子，不要以为它不是年画，它也是年画。它有自己的标题，标题叫作"豫园把戏图"，当时的城隍庙还不叫城隍庙，叫邑庙，画家的名字叫吴友如。年画表现的是在当时可以看到的各种各样的把戏，有的是头上顶碗，还有翻跟头，还有一些现在在"大世界"中还可以看到的民俗表演。从这张年画中可以看到当时的豫园就非常有烟火气。

另外还有一张年画叫"上海四马路洋场胜景图"。老上海人估计都知道，四马路就是今天的福州路。四马路在当时是有很多风花雪月故事的地方，但也有很多著名的出版机构，比如说商务印书馆、中华书局、大众书局，最早都是开在四马路上的。现在福州路也在转型，也开了很多的餐饮店。

在当时这个四马路是一个洋场的中心，它有些什么？举几个

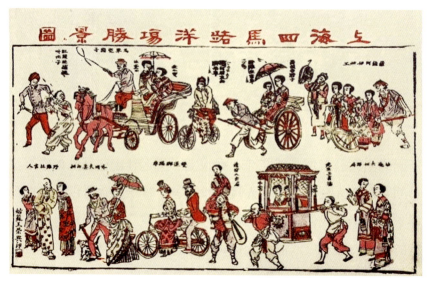

上海四马路洋场胜景图

例子。左上角叫红头巡捕捉叫花子。当时还有印度巡捕担任洋场中的巡捕，我们叫"红头阿三"，还有马车兜圈子等。当时的年画作者非常细心地观察生活，把当时在上海滩上洋场中涌现出来的各种各样的生活细节都在年画中记录下来。这个是我今天要给大家介绍的旧校场年画最大的特色。

现在回过头来跟大家再好好地说说什么叫旧校场年画，它是怎么回事。

我们知道在清末的时候，中国有好几大年画制作生产中心，天津有杨柳青，四川有绵竹，离上海最近的就是桃花坞年画，但是1860年太平天国运动冲击了苏州的各行各业，桃花坞年画也受到了很大的冲击，很多人逃到了上海，当时上海已经开埠了，桃花坞年画开启了第二春。他们到上海后，就在小校场重操旧业，之后出现了比较有名的画铺，包括吴文艺、孙文雅、义盛斋、异馨斋、韩菁华斋、赵一大、甘德盛、老文仪、筠香阁、彩云阁、吴锦增、陈茂记、新记、泰兴、源兴等几十家。其中知名画家有吴友如、周慕桥、钱慧安、田子琳、沈心田、何元俊、李醉鞠等，由此，旧校场（小校场）年画慢慢地打开了市场。

我们看看小校场在什么地方？中间是豫园，豫园的西边有一条南北向的路，今天还在，就叫旧校场路。上海在清末的时候有两个校场。小校场又称旧校场，因为它开得比较早，可以看到现在上海地图上的人民路，就是旧时把上海的城墙拆除了之后建造的，是城墙里军队训练的位置。后来由于旧校场年久失修，慢慢地就在南门的位置，今天的大南门和陆家浜路之间，建了一个新校场，也叫大校场。旧校场建得比较早，又叫小校场，慢慢地荒废了，但是也没有变成荒地。这个地方腾出来之后，慢慢地入住了一些商铺，用今天的话来说叫城市更新，校场就变成了马路，上海黄浦区政府还是很有眼光的，在旧校场路搞了一个快闪夜市并邀请了很多知名品牌入驻，因为他们知道旧校场在清末民国的时候就是上海小商品集散地中心，现在又迎来新一轮的城市更新，就把它开成了一个夜市，很热闹。

这次的"夜市"把旧校场年画中很有趣的图案做成了霓虹灯箱。霓虹灯箱中有舞龙的，还有我刚才说的吊膀子和骑双轮自行车的，也把这些元素放到了霓虹灯中。上面是我从年画中截取的

旧校场路

校场路的"快闪"夜市

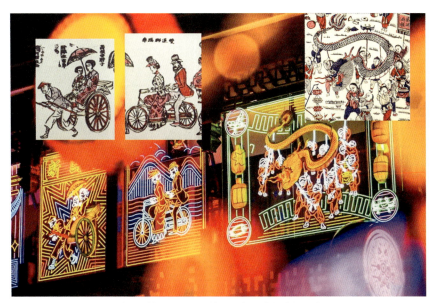

霓虹灯箱上选取了旧校场路年画中很多的元素

图片，下面就是霓虹灯的图样，简直是一模一样。布置这个校场路夜市的工作人员和创意团队还是很有眼光的，发掘出了旧校场路年画中很多的元素。

了解了旧校场年画简短的来龙去脉，我们再来讲讲它的收藏情况。旧校场年画是一个很独特的类别，不同于桃花坞年画、杨柳青年画，它是上海本地的品牌。全世界现在能找到的也就是1000幅左右，其中，上海图书馆有近300幅，上海历史博物馆约有130幅。

旧校场年画有哪些主要的类别？以前的研究者对旧校场年画做了四个分类：

第一类：祈祥纳福。过年的时候大家要舞龙、打灯笼等，还有类似百子图，这一类就是祈祥纳福。

第二类：闺门仕女。俗话说就是美女图，清末年画制作者眼

祈祥纳福

光也比较好，知道美女图传播范围比较广。

第三类：戏曲故事。我选择了一个戏剧性比较强的给大家展示，也就是《珍珠塔》全图，这上面就 10 幅分图，就像漫画书一样的，10 个分图基本上概括了《珍珠塔》的故事，如果你是一个会讲故事的人，可以根据这 10 幅图把《珍珠塔》都讲下来，基本上每一个年画全图都是小小的一张，有不同的分图，讲一个故事。《西游记》也可以用这个形式讲。从这里启发了我们上海地区的连环画，也就是这么来的，也是用短短的几幅画可以讲一个很有趣的故事。

这三类都是旧校场年画中相对来说比较常见，也比较普通的。

闺门仕女

　　第四类：社会风情。就是要把当时社会当中发生的一些新鲜的事情，也通过年画的形式展现出来。比如这张，上面写着上海铁路火轮车公司开往吴淞。当时火车在上海通车是上海一件非常重要的事情，堪比 90 年代上海地铁一号线开通，老百姓都要去尝鲜，于是，这件事情也被画到年画中去。从这个年画中可以看到中间是坐黄包车过来的，还有架着西洋马车的观众也来看火车开通的盛况。当时在车站门口站岗的，右边胸口写着巡丁，右边是扎着红头巾的印度巡捕。

　　除了火车以外，还有别的新鲜事物也可以进到年画中去。比如，上海金利源码头长江火轮船。以前长江走的都是靠人的帆船，当时火轮船来到上海也是一个新鲜事物，堪比今天上海开通

上海铁路火轮车公司开往吴淞

上海金利源码头长江火轮船

寓沪西伸商点灯庆太平

了国际邮轮。有戴着礼帽和穿着西服的外国人，还有穿着长马褂的中国人同睹盛况。

船来了，火车来了，老外也来了。这张图叫"寓沪西伸商点灯庆太平"，下面还有小字"各国商号一起来参加"。我们今天说上海是一个国际大都市，世界各国的人都到上海来。其实在1860年的时候，小校场年画已经开始记录当时世界各国商人来到上海的盛况，他们在上海的十里洋场参加各种各样的活动。

不仅有外国人到这边，上海本地的商会也有回应。上海还是很有本地特色的，老外吹着各种各样的西洋乐器，上海本地的商会就敲锣打鼓。就像以前的庙会一样，扛着城隍老爷在街上游街，走在前面的还是有几个穿红衣服的老外，还有插着翎毛的，中西结合。看这个图除了看字以外，每一个人物在这个构图上都可以提供非常丰富的信息。现在通过老照片看旧时的上海，可以勾起我们的乡土情感，能够把我们对旧上海的回忆勾起来。如果

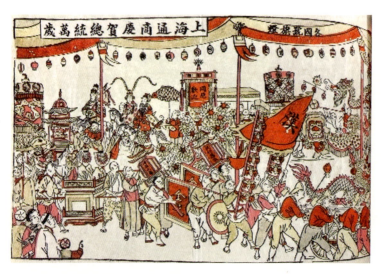

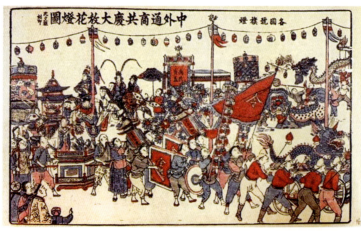

不同商家出版的同样主题年画

再往前，没有老照片的年代怎么办，我们有这些年画，同样也记录了老上海的种种风情。

不同的年画，虽然它们表达同样的主题，但是因为是不同的商家出版的，所以它们会有自己的特点。比如这张图上写了"汉"，代表的是华界。到了这里，有的人发现同样的雕版，因为时间的不同，可能原来制雕版的商家倒闭了或者其他的原因，画

旧校场年画：十里洋场

工跑到了另一家年画的店铺中，就把细节稍微改改。我们今天有一个词叫"洗稿"，当年也有。画工也把"汉"字改成了"令"字，其实两个雕版是差不多的，这就是不同的商家要通过年画牟利，也有小伎俩和小手段。

随着时间的推移，十里洋场有了旧十景和新十景。这里的字也比较清楚。一开始是轮船、火车到来了，后来外国马戏也来了，当中还有修马路的机器，之后电灯、电车出来了。上海的海关、跑马厅是什么样子，外国花园什么样子，还有外国小孩踢球，不得不佩服当时的画家对市井百态的捕捉非常的有眼光，细节、有趣的东西都可以捕捉得到。

其中有一张叫修马路机器，我们以为过去修马路是四个人抬一个东西把马路压平，但是在清末的上海已经出现了压马路机器，那个时候柏油马路已经有了。从这张图中可以看到，上海人已经领先一步，在清末就已经尝鲜了，体验到柏油马路是什么感觉。

这是外国花园，我们说外国花园是不是只有外国人可以进去？非也。其中也有几个穿着中国服装的大家闺秀也体验了外国花园。

画家把当时的种种都记录了下来。妇人坐轿，男人在旁边走。这是讽刺什么？以前我们传统的观念是男人坐轿子。但是西洋的妇人坐轿子，反而男士很有绅士风度，在边上走，扶着轿子。这可能也是上海地区最快接触西洋现代风格的一个窗口。我们后来说上海男人比较"怕老婆"，实际上就是上海男人比较尊重女性，可能在当时就已经接受新风，有一个移风易俗，从这里就可以体现出来。

还有西国车利尼大马戏团，当时的马戏非常丰富，有各种各样的空中飞人，清末的上海人已经开始尝鲜，都不需要出国去体验，端坐在上海就可以了解世界百态。

有了西洋的这套马戏之后，上海本地豫园马戏也和国际接轨，在自己的把戏中融入了西洋的东西。可以看到在空中走平衡木，也是从西洋马戏中借鉴过来的。

刚才看了一些好玩的，当时年画的这些作者和画家不是只看市井百态，他们也心系全国，怀着一颗关心天下的心。当时没有广播，没有电视，也没有手机和微信，一个普通人要了解当时的国家大事、世界政局，年画就充当了这个窗口。除此之外

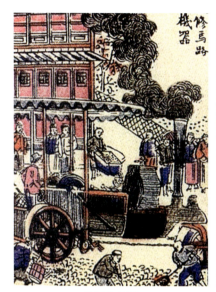

修马路机器

外国花园

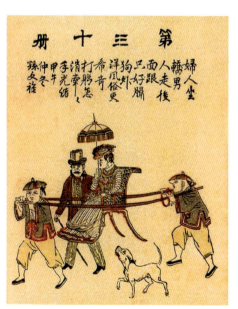

妇人坐轿

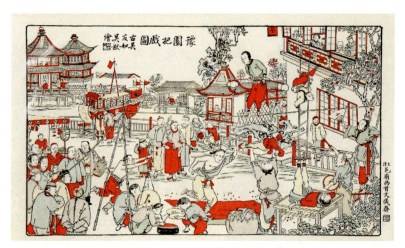

上海本地豫园马戏

还有法人求和，中法战争，在中国和越南边境那个地方，中国取胜了，法国人向中国求和，在年画中同样也有呈现。年画是一个表达窗口，把民众的诉求通过年画体现出来，充当了一个新闻快报的作用。对于普通人来讲，他不识字，或者也没有很好的途径来了解当时的局势。怎么办？看年画。这张画说的是，黑旗军的刘永福在台湾取得了一场大胜仗，在年画中也有体现。年画在当时可能已经成为清末民众一个非常重要的了解世界的舞台。

年画发展到清末，并没有因为清朝结束了，年画就寿终正寝。年画吸收了非常多和民国有关的主题，老百姓了解有没有改朝换代，就看年画。不知道当时的清帝退位之后是谁在执政也看年画，比如这张左边是袁世凯，右边是黎元洪，虽然画得不是很像。

辛亥革命的进程，同样也有所反映。辛亥革命在南方的这些北伐军中不光有男兵，还有女将。女将在当时也是引领潮流的

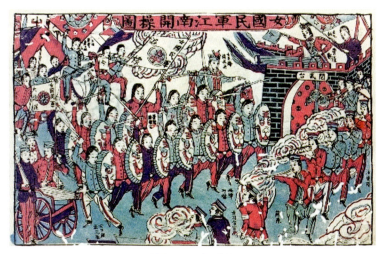

女国民军江南开操图

鄂省官军与民国军伟人肖像

一个非常时尚的事，值得画家大书一笔。所以女将也出现在年画中。老百姓想认识一下北伐女将，她们的对手都叫什么名字，年画中都有。我们知道当时有护国军的将领，当时的临时大总统叫什么名字，黄兴、孙中山都在年画中有所体现。

我们了解到在当时清末年画中，这些作者非常有追求，呈现给大家的不是秦叔宝、尉迟恭这些非常传统的年画，它非常的与时俱进，把当时的市政、市民的百态，上海城市建设的各种各样的新貌，通过年画的形式传递出来。

年画在清末进入到新的一个时代，到了民国以后，又出现了怎样的变化？走向了衰亡还是以新的形式获得了新生。我总结了一下有以下几个方面：

第一，月份牌的出现。这个是清末民国的时候出现的一种新的形式。因为当时上海的通商已经经历了几十年，需要和国际接轨，需要和外国的商人进行各种各样的商业活动，所以我们要放弃中国传统的皇历，不再靠皇历记录一年时节的变化，我们需要引入公历。这样和老外讲的时候是同一个日子。在这张华英月份牌里可以看到上面是当时的宣统皇帝，下面是英国女皇，在当时中国的年画形式月份牌中，英国女皇和宣统皇帝并驾齐驱。到了民国时期新一轮的月份牌又出现了，与时俱进，有国民军，有孙中山等新的人物，都在这个形式中出现。这是一个年画在清末的走向，转变成了月份牌。

第二，商业广告中的年画新貌。随着彩色印刷技术的出现，变成了商业招贴画的一部分。此时画的仕女图已经不像清末年画中身材比例失调，且每个人的容貌差不多，这个时候每个人有自己独特的容颜，说明当时的画家水平有了显著的提高。右边的

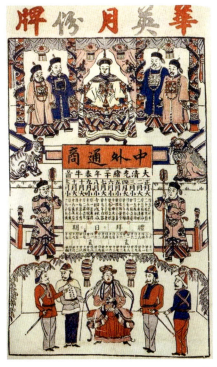

月份牌

画，大家可以猜猜是什么广告？它的信息其实在这幅画上已经体现出来了，画面的最上面画了一个很小的香烟壳，是一个香烟广告。但当时已经有禁烟的趋势出现，所以禁止在整个画面中出现非常明显的香烟的符号，只能在大招贴画上留下这么小一个很难找到的香烟标志，告诉你它实际上是香烟广告。寓意也很明显，当中是皇帝，后面是妃子或者侍女，想法与创意和今天也差不多，饭后一支烟，赛过活神仙。从这个招贴画中也可以感受到这种寓意。

　　第三，更新的美术形式——画报。第三种形式就是在清末民国过了很长一段时间之后，画报出现了。画报，顾名思义就是不是以文字作为主导，而是以图片作为最大的卖点。画报

商业广告中的年画新貌

中有主角，有内容，就像现在停刊的《外滩画报》《申城服务导报》也有这样的类别。以这样的形式，年画有了新的发展方向。

最后我们再分享一些技术方面的知识。我之前也说了全世界收藏研究者发现可以确定为小校场年画的也就是一千多幅。上海博物馆有桃花坞年画，小校场年画在清末有一个发展，太平天国运动发生了之后，桃花坞这些年画画家逃到了城隍庙这里，他们开办了作坊来绘制小校场年画。太平天国运动结束以后，他们回到苏州重操旧业，把上海小校场年画的主题和板子也带回到苏州。但是小校场年画上面写着上海火车开往吴淞，这一看就是上海的东西。他们把上海年画的这套工具带回苏州以后，既想赚钱，又不想太费力气，怎么办？就把板子上的上海两个字改成了

画报

豫园把戏图雕版（上海博物馆收藏）

苏州，这个是有证据的。我们在年画的雕版上可以看到一个改版的痕迹，底版上的"上海"字样被抠掉，变成了苏州。他们使小校场年画在苏州传播，也把上海年画的风格和制作的品位带回到了桃花坞年画中，所以也是一个文化传播很有趣的话题。

年画是怎么画的？我们看到的这种年画实际上是彩色套印的技术。彩色套印，顾名思义就不是一种颜色，会雕好几块雕版，这是上海博物馆收藏的豫园把戏图的雕版，每一块雕版都负责一个颜色区域，每一块雕版呈现的颜色也是不一样的，通过在一张纸上通过不同的过程，把颜色留在上面。这种雕版由于常年印刷的需要，留下的颜色也不一样。一个红一点，一个蓝一点。通过这样的印刷工艺，就能把好几种颜色留在年画上。

年画留下了上海的记忆，通过小校场年画能帮助我们找回封印在时空中的民俗和历史。

扫码观看《上海清末年画中的民俗与历史》视频内容

主要参考文献

［1］ 冯骥才主编．中国木版年画集成·上海小校场卷［M］．北京：中华书局，2011．

［2］ 上海市历史博物馆，深圳博物馆编．上海旧校场年华［M］．北京：文物出版社，2012．

［3］ 张伟，严洁琼．晚清都市的风情画卷［M］．上海：学林出版社，2016．

［4］ 张伟，严洁琼．晚清上海生活史：小校场年画中的都市风情［M］．上海：上海科学技术文献出版社，2020．

第七讲

江南的方言

时间：2021 年 11 月 5 日　19:00—20:30

嘉宾：陶　寰　钱　程

地点：上海博物馆学术报告厅

吴侬软语与江南文化

/ 陶 寰

　　陶寰，男，复旦大学中文系教授、博士生导师，中国语言学会常务理事、全国汉语方言学会理事。主要从事汉语方言学研究，感兴趣的领域有：方言语音类型、方言共时变异和微观音变、方言接触和方言史、方言语法等。出版《上海方言词典》《蛮话词典》《松江方言研究》等著作。

　　我是第一次在一个相对开放的环境之下讲"方言"这件事。之前一直在找相关素材，但是我发现有一个很大的问题。假如我要介绍文物或者介绍上海的建筑，很容易，找一些图片可以让你看看一百多年前上海的建筑是什么样子，也可以找一件器物的实物或者图片，让你看两千年前中国的文化瑰宝是什么样子。但是我现在要找一百七十年以前的上海话给大家听，我做不到。因为方言本身是被我们称为非物质文化遗产的，它既然具有非物质性，它很难有一些固定的形象，只能根据我们日常生活中听到的声音去体会。可是，语言是有变化的。一百七十年以前的上海话和现在的上海话有很大的差别，所以我很难给大家展示。

　　当然要讲江南，江南这个地方很大，我很难直接把300公里、500公里以外的语言在这里讲，这是我的另一个难处。也就是语言不是一个视觉符号，是一个听觉符号，这是它的一个特征。当然可以在网上可以找一段录像，我们听一段同样是非物质文化遗产的滑稽戏和独角戏，比如《十三人搓麻将》，尽管周、姚两位先生主要使用上海话，同时也用了十几个其他不同地方的方言。但是在处理的过程中夸张了一些特征，不仅要学得像，而且要把那个神韵、味道，甚至是喜剧效果演绎出来。这些创作的艺术体有两个效应。一个是它本身的美，比如我们听评弹或者其他的表演，它本身是美的，演员承载的、表演的主体有吸引眼球的地方；一个是封闭性，作品、仪式、艺术团体都是相对封闭、独立的个体。但是作为方言的使用，就是我们平时说的话，坦率地说你可以表现它美的一面，也可以表现平淡的甚至不那么美的一面。方言是一个开放的系统，最主要的功能不是为了体现美，而是为了传递信息和交流，这是两个很重要的特性。我之后会讲到江南地区的方言为什么有变化，和这两个方面都有关系。因为这两个特性，所以我们接下来很多的做法，可能就跟保护物质文化遗产或者其他的非物质文化遗产有很大的差别。

江南这个区域在不同的人、不同的时代，它的含义有很大的差别，但是核心区域肯定是苏南、上海、浙北，因为这一带地区很符合我们对江南的想象：小桥、流水、人家。这个地方的方言一直被称之为"吴侬软语"。是不是"软"，各有各的理解。宁波、绍兴人都有一句话，宁可听苏州人吵架，不听宁波人/绍兴人说话。因为这两个地方的人说话都是比较"硬"的。所以我们对"吴侬软语"的第一感觉就是苏州，我们不得不承认苏州在历史上给人留下的印象是非常深刻的，我们现在理解的江南最典型的城市应该是苏州。不过，苏州也并不是自古就像现在这样一直说"吴侬软语"，或者说现在的苏州话就是两千四百年以前苏州建城时方言的后代，事实上完全不是这样。

在先秦时期，江南地区有跨湖桥文化、崧泽文化、马桥文

江南·吴越

《越人歌》

江南的核心区域是苏南、上海、浙北，这一带使用的方言是吴语（太湖片）。

先秦时期居住在这一带的人叫"越"（粤），使用的语言是"越语"。"自交趾至会稽七八千里，百越杂处，各有种姓。"《汉书·地理志》

"滥兮抃草滥。予昌枑泽，予昌州。州　州焉乎，秦胥胥。缦予乎，昭澶秦踰。渗惿随河湖。"刘向《说苑·善说》

千古之谜《越人歌》：http://blog.sina.com.cn/s/blog_4b41fa86010006k4.html

吴越与《越人歌》

化、河姆渡文化和良渚文化等，创造这些文化的主体在古代被称为"越"。苏州是"吴"的中心，但是"吴"地区的人民同样跟"越"地区人民有非常密切的关系。早期的记录中说到"吴越"两个地方语言相通、民俗相同，这一带地方使用的语言叫作越语。班固的《汉书》中写到"自交趾至会稽七八千里，百越杂处，各有种姓"，是包括一个非常复杂的群体，这个群体说的话可能有很大的不同。很有幸，汉代的刘向记录了一首《越人歌》，这首歌有一个汉译，它跟中原语言是完全不一样的。越人给我们留下了什么东西？我们现在的方言当中，大概没有多少越语的成分。但是我们熟悉的一些地名可能都是它们留下的。比如说无锡、姑苏、余杭、余姚，这些地名很可能都是越语地名，包括会稽。根据现在的看法，"会"是山的意思，"稽"是茅草的意思。

　　大概到汉代的时候，江南这一带出了王充这样的思想家，他完全用汉语写作，但是他使用的汉语和中原地区的汉语有一些小差别。这个小差别，我后来在调查浙江江山一带的时候，发现还有留存。就整个文化来说，江南肯定是被中原文化洗涤过一遍。晋室南渡之后，中原名士刘惔也到了南方，他去见王丞相，也就是王导。北方来的人都担心东晋的政权会不会稳定下来，大家就问刘惔对王导的印象怎么样。刘惔说："未见他异，唯闻作吴语耳。"这是"吴语"这个词第一次出现在文献中，可见当时南方地区是有吴语的。王导为什么要学吴语，因为他要讨好吴地的贵族，稳定东晋政权。他说了一句吴语——"何乃渹！"，"渹"这个字读 qìng，现在上海这一带已经没有这样的说法了。但是到衢州、丽水一直往福建，也就是现在说闽语的这些地方，这些地方"冷"还说成"qìng"。这是记录到的当时的一个吴语词。

到了六朝时期吴语地区的民歌中，可以看到有这样的歌"故使侬见郎""无侬不握扇"，吴侬软语中的"侬"就已经在这些歌中使用。但是两个歌中的侬意思不一样，第一个是让我见到我的心上人，第二个侬是表示人的意思。大家肯定会觉得有疑问，现在上海话的"侬"是表示你的意思。我们在南方走下来一圈，嘉兴、太仓地区就读侬，到了厦门、泉州、漳州那一带叫 lang。lang 也是侬字。整个看下来，浙江和福建，这个侬都表示人的意思。

上海的"侬"为什么表示"你"的意思？因为原来这一带

吴语·吴歌

《世说新语》

六朝民歌

刘真长始见王丞相，时盛暑之月，丞相以腹熨弹棋局，曰："何乃**淘**！"刘既出，人问见王公云何，刘曰："未见他异，唯闻作**吴语**耳。"刘孝标注："吴人以冷为**淘**。"。

芳是香所为，冶容不敢当。天不绝人愿，故使**侬**见郎。《子夜歌·其二》

赫赫盛阳月，无**侬**不握扇。窈窕瑶台女，冶游戏凉殿。《子夜四时歌·夏歌》

吴语·吴歌

地方我、你、他分别说"我侬、尔侬、渠侬"，现在的"侬"是"尔"（n）和"侬"（nong）的合音。侬是吴语的特征词，只有这一带的人说侬。我们说的吴侬软语是指吴人说的话，叫吴侬软语。

历史上方言只有跟普通话不一样的东西才会被记录和接受下来，很难让文人雅士用"引车卖浆者流"说的语言进行创作。历来我们能够看到的吴语在文献中的记录都是吉光片羽。比如说陆游是绍兴人，他的《老学庵笔记》里就讲了当时吴语的一些特点。明代的陆容说这个摇船的人避讳"翻"字和"箸"字，所以筷子不叫"箸"，叫"快"（筷）。他又提到苏州的士绅一般叫"箸"，只有乡下的农民叫筷，管我们吃饭用的东西叫筷子。从明代开始，吴语向其他地方输出，但是常用的也就是那么一两个词。

也有少数例外。冯梦龙有一部非常重要的作品就是《山歌》。《山歌》是用当时苏州话记录的当时苏州地区的民歌，而且根

明清 · 山歌

《山歌》

唱山（松江）

远望啥山白茫茫？
远望啥山竖胸膛？
远望啥山有斜塔？
远望啥山有外国堂？

远望薛山白茫茫。
远望小昆山竖胸膛。
远望烧香山咾有斜塔。
远望佘山顶咾有个外国堂。

《山歌》

据我的师兄钱乃荣教授的研究，其中有两首可以确定是松江地区的。

其实江南这一带地方，从南到北，比如说从苏州、常州开始一直到最南部，各地都有民歌，有一些民歌后来消亡了，有一些民歌发达了。比如说越剧当时是从嵊县的田歌调发展起来的，沪剧是从原来上海地区的民歌"东乡调"发展起来的。上海、嘉兴、嘉善一直到苏州这一带有一个非常有名的民歌《五姑娘》，是用十二月花令唱的。大家可以看一下我们调查到的松江猜地名的民歌。我后来到松江调查的时候，有一位老先生说原来乡下相当文明，从来不吵架，两家人有矛盾了就对歌，20世纪五六十年代的时候还是这样。我在90年代做调查的时候，他还能唱两首，这些都是他唱给我听的。但是现在再去调查，不知道还能不能再听到上海地区原汁原味的民歌。

我前面大体说了一下吴语在文献中的记录和历史。实际上吴语以前的覆盖面积比现在的大。最早的时候，吴语在苏南地区还包括江苏南京一带、浙江、江西上饶地区以及皖南。安徽的皖南地区宣州府和徽州府两个地方，徽州府现在叫徽语，跟吴语是并列的，它的底子也是吴语。宣州府，现在宣城那边基本上都是讲官话。宣城本来是吴语的老家，现在能够说吴语的人基本上都生活在比较偏僻的乡村，这和太平天国时期的变故有关系。

另外江西的东北部，也就是现在的上饶市、玉山、广丰这几个地区都是说吴语的，但是原先的范围可能更大。后来因为历史上行政区划的变动，有些地方赣语成为主流。但是到现在上饶市和玉山、广丰都还是说吴语的。宋代辛弃疾有一首非常有名的词"清平乐·村居"，里面写到"醉里吴音相媚好，白发谁家翁媪"。写这个词的时候，辛弃疾正在现在上饶的郊区闲居。在他一个山东人耳朵里，毫无疑问这个地方就是说吴侬软语的。

我刚才一直把吴语延伸到福建。其实本来从长江南岸一直到闽南都跟吴语有关系。不过在后来的历史变迁中，因为交通不方便，人员来往比较少，这两块地方渐渐地方言开始分化，现在差别非常大。所以，福建那边就叫闽语，浙江一带就叫吴语。这个分化什么时候开始？我们现在不能很好的确定。有老先生说过，六朝时候的吴语最主要保留在现在的闽语里，我们现在的吴语主

历史节点

《大清一统志》

"**上海**"首见于《宋会要辑稿》，北宋熙宁十年（1077年）设酒务，因地处上海浦的西侧，故名"上海务"。

宋咸淳三年（1267年）设上海镇。

五代时吴越分属秀州。宋属嘉兴府。

元至元十四年（1277年）置华亭县，次年改名**松江府**。

元至元二十九年（1292年）析华亭东北五乡设**上海县**，属松江府。

清雍正三年（1725年）从上海县析置南汇县。

清乾隆二十五年（1760年）设川沙抚民厅，1911年改县。各县隶属江苏省。

清乾隆六年（1741年）置苏松太道，治上海县城，乃有"上海道台"之称。

1843年正式**开埠**。

1927年设**上海特别市**，1930年改为**直辖市**。

上海城市发展的重要历史节点

要是六朝的时候从北方话发展过来的，也就是说是被北方话同化过了的。相对来说北方人听我们的吴语比较容易。

既然我们在上海，重点还是要讲一下上海这个地方的吴语和它演变的历史，演变历史是体现文化的一个很重要的内涵，因为这里面涉及移民，涉及我们人跟人之间的接触、碰撞。吴语历史上被北方话同化过，覆盖的面积也渐渐缩小，但这并不意味着吴语比较弱，因为原来覆盖的地域广就容易产生分化，这是很重要的一方面，这方面在上海体现得非常清楚。尽管现在上海是长三角的中心，是吴文化的代表，但是从上海的都市文化来说，它和吴地的传统文化有相当大的区别。当然从另外的角度，我们又可以说上海的这种变化恰恰是吴语地区人民精神的体现，也就是它的开放性、紧跟时代发展的前沿。这是从历史上到现在一直有所体现，方言也是这样。

如果我们看历史地图，上海这个地方大概在宋以前都未形成陆地。上海这个地名第一次出现是在北宋，这个地方设立了一个酒务，就是一个收酒税的小衙门。上海名字的来源有很多说法，我觉得下面这个说法比较符合命名原则：当时有两条小河，一条叫上海浦，一条叫下海浦，一南一北。上海的这个酒务设在上海浦的旁边，所以就叫上海。上海地区的行政中心一直在西边，但不是松江，松江建县是在唐代，更早以前这一带有海盐县、娄县和由拳县。松江建县以后，隶属秀州或嘉兴府管辖。元代松江设府以后，还长期受到嘉兴的影响。上海话跟这一地区的行政建制有非常密切的关系。吴越地区的方言虽然差别很大，大体太湖流域、钱塘江，浙北到苏南这块语言比较相似。这一带地方方言有一个很重要的特征，府和府之间差的明显。上海长期属于松江府，我们一百七十年以前听到的上海话，其实和后来的松江话还是很像的。

上海话的变化和1843年正式开埠有很大的关系。正式开埠以后，整个上海的地位，包括它作为经济中心的地位、交通枢纽的地位，以及包括投资中心的地位文化中心的地理，慢慢地确立起来了，所以后来的变化都是从1843年发端的。重要的节点是建设"特别市"，后来建设"直辖市"。我们现在讲的上海，原来的上海县，它的范围不是闵行区的上海县，也不是后来的直辖市。这个上海县包括北部到吴淞，东部到高桥，南部到杨思、洋泾、三林，大约包括后来闵行区和现在的上海市区。这块地方

人口 · 来源

旧上海人口变迁
的研究

（邹依仁，1980：2，90-91）
1810年（嘉庆十五年）上海县人口为52万余人
1852年上海人口为544,413人
1910年增加到1,289,353人
1927年设立上海特别市时，人已达到2,641,220人
1949年3月人口达到顶峰，为5,455,007人
1950年1月公布的人口总数为4,980,992人。
1950年1月上海人口籍贯构成比例：

上海	江苏	浙江	安徽	江西	山东	福建	台湾	河南
15.1	48.1	25.8	2.4	0.4	2.2	0.5	0	0.4

湖北	湖南	广东	广西	华北	东北	绥远	西北	西南
0.8	0.4	2.4	0%	1.4	0.1	0	0	0.2

旧上海人口变迁的研究

在开埠以前大概是 52 万人，在当时不算少。到 1949 年 3 月，达到 545 万人，增加了 10 倍。这样的人口增长速度必然有大量的人口输入。

上海社会科学院有一位邹依仁老先生，1980 年他把上海的旧档案调出来，做了人口梳理。可以看到上海本地籍贯的只有 15%，85% 都是外来的。实际上江苏的人口占了上海一半，达到了 48%，浙江占了四分之一，都比上海人多。实际上从方言来讲，这两个地方的方言对后来上海话的影响还是很大的，所以上海仍是吴语。我要稍微解释一下，1949 年崇明、浦东、松江、金山、奉贤、青浦、嘉定、宝山都属于江苏的。近十年中我们对上海做的抽样调查，我得到的比例大概是 22%—25% 之间的人都认为自己是土著上海人，也就是上海本地人，这个"本地"包括了松江、嘉定等郊区。

上海话可以看到最早的记录是明代正德年间的，当时的《松江府志》写到"府城视上海为轻，视嘉兴为重。"他们认为嘉兴话比较时髦，比较好听。当时认为上海只是东边的一个小县。到了明代嘉靖年间，《上海县志》也说得很清楚，那个时候“方言视华亭为重”，松江话对他们来说是地位比较高的，比较时髦或者说比较好听的，比较有权威的一种话。明代的时候，上海比较认同嘉兴，还比较认同浙江。到了清代时候就不是这样了，我们发现“府城视上海为轻，视姑苏为重”，苏州话在松江人的心目中地位变高了，嘉兴则不再提起。而那时北部嘉定和宝山属于太仓州，跟苏州靠得比较近。但是我看到《上海县志》还是“视华亭为重”，把松江话视为自己的权威，也就是说原来的老上海话应该就是和松江差不多的方言。

正德《松江府志》说：“方言语音与苏嘉同，间亦小异。如谓人曰渠，自称曰侬，问如何曰宁馨宁音如囊，馨音如沆，谓虹曰鲎。言罢必缀以休。及事记、受记、薄相之类，并见于苏志薄音如勃。又谓此曰箇里箇音格，谓甚曰忒煞煞去声，谓羞愧曰恶模样模音如没，谓丑恶曰泼赖泼音如泒，问多少曰几许音如夥。至于音之讹，则有二字为一字如世母为婶，舅母为妗，什么为些之类；以上声为去声，去声为上声呼想如相，呼相如想之类。韵之讹则以支入鱼龟音如居，为音如俞之类，以灰入麻，以泰入箇槐音如华，大音如惰之类。如此者不一。细分之，则境内亦自不同：风泾以南类平湖，泖湖以西类吴江，吴淞以北类嘉定，赵屯以西类昆山。府城视上海为轻，视嘉兴为重，大率皆吴音也。金山俗参五方，非南非北，盖设卫后始然"。从中能够窥见当时上海方言之一斑。

20世纪80年代，我的两位导师带着一批学生在上海地区做了一次全面的调查，调查的材料经过整理以后发表在1993年的《方言》杂志上，根据这篇论文，上海本地的方言大概有以下这几种：一种是崇明话；一种是嘉定话，包括宝山西部地区在内；还有淀山湖周边练塘、蒸淀、金泽、商榻一带的方言。把这三块去掉，再把市区去掉，其他的方言基本上都叫"松江片"。因为原来松江府治下的县，基本上方言是一致的。在松江片中再分成三块，西边和东边有区别。黄浦江把上海市划成东西两块，黄浦江以东和以西的方言不一样。另外包围上海市区周围的这块，大概就是这三块。历史上由于上海本身居民语言和文化的认同，造就的这种地理上的区别和方言口音的区别。

最早用拼音记录上海话语音的是一位叫艾约瑟（Joseph Edkins）的传教士，他在1853年的时候用英语记录当时的上海话，到目前为止我没有看到比他记录得更好的，这和他的语言天赋有很大的关系。之后，大概每一二十年大概都会有一些上海话的记录，让我们看到上海话有什么不同的变化。根据这些记录，我们大概可以总结出上海话有四个时期——这个结论是参考钱乃

重要文献

<table>
<tr><td rowspan="2">传教士记录
和
现代记录</td><td>Edkins, Joseph（艾约瑟）1853/1868 《上海方言口语语法》（钱乃荣、田佳佳 译）</td></tr>
<tr><td>John Macgowan（麦高温）1862 《上海话惯习用语集》</td></tr>
</table>

传教士记录
和
现代记录

Edkins, Joseph（艾约瑟）1853/1868 《上海方言口语语法》（钱乃荣、田佳佳 译）
John Macgowan（麦高温）1862 《上海话惯习用语集》
D. H. Davis & J. A. Silsby 1900 《汉英上海方言词典》
Albert Bourgeois（蒲君南）1934/1939 《上海话课本》
高本汉 1915-1926 《中国音韵学研究》
赵元任 1928 《现代吴语的研究》
江苏省和上海市方言调查指导组 1960 《江苏省和上海市方言概况》
许宝华、汤珍珠 1988 《上海市区方言志》
钱乃荣 2003 《上海语言发展史》

关于上海方言传教士记录和现代记录的重要文献

荣的。艾约瑟在上海老县城中找到了一位老秀才，请他讲了原汁原味的上海话，这个话现在听不到了。到民国时期的上海官话，就比较像现在的浦东话。

在 20 世纪初，大量外省人来到上海。很多人的祖上大概两三代以前就是那个时候从四面八方来到上海的。这就出现了一个严重的问题，就是一派人说你说的是浦东腔，一派人说你说的是苏州腔，现在的上海话更接近那个时候的苏州腔，但又不是苏州话。在这之后，大概 20 世纪 40 年代之后到 20 世纪 60 年代出生的人，这批人说的上海话相对比较稳定，没有什么太大的差别，或者说 95% 是一样的，5% 有各自的特点。80 年代以后又出现一波新的浪潮，而且这波浪潮比前面更凶猛。每一个稳定和巨变时期，其实都和上海城市发展或者和移民节点是有关系的。1850 年前后，人口渐渐地发展，最早的一批是从苏南、浙北这一带来的。到 20 世纪 30 年代有大量的苏北籍移民进入到上海，我们的市区面积也急剧地扩大。语言有一个稍微滞后的效应，不是说今

关于上海方言传教士记录和现代记录的历史回顾

天来了，明天方言就变了，要十年、二十年之后才会发生变化。20世纪80年代以前之所以比较稳定，是因为那个时候我们实行比较严格的户籍制度。

要知道上海话原来的样子。大家可以到网上看一下，宋庆龄在中国人民政治协商会议上的讲话，她的发音。宋美龄也有一段为抗战做动员的讲话，她讲话当中普通话的味道比宋庆龄的味道浓。宋美龄是普通话中加了一些上海官话，交替使用。宋氏姐妹的年龄差别不大，宋美龄的上海话明显比宋庆龄时髦一点，这个时髦和我们后面讲到的发音有关系。另外香港、台湾有一些上海人，如汪明荃和郑佩佩两个人的上海话是比较老的上海话，杨恭如的上海话是后来我们比较熟悉的上海话，也就是现在的中年人普遍使用的上海话。

为什么我刚才说宋庆龄和宋美龄的发音有点不一样，说宋美龄的话比较时髦？1928年的时候，我们的祖师爷赵元任记录到旧派"on"（暖，南）有的字读é，"暖"跟"男、南"不同音。我们去浦东或者去松江乡下问"男人"怎么发言，基本上还说 ne。上海本地老口音，所谓的浦东腔就"男""暖"读音不一样，苏州腔就是"男"读成"暖"。现在的上海话当然是苏州音。宋美龄这段录音中反复提到"抗战"这个词，她一段话中浦东腔和苏州腔都出现了，说明自己也搞不清楚哪个音更正宗，我们很多上海人都是这样。这种现象就是在方言剧烈变化时期才会产生的问题，但是宋庆龄没有这样的问题。当时不仅仅是中国人，不仅仅是专家，一般文化界人士和外国人都已经意识到一个问题："上海土语，除城南、城西一带才有"。当然，这个话其实说得也不准确。城南是指南市区，我 90 年代去访问南市区的一位老先生，他是 1916 年出生的。他跟我说这里是城里话，徐家汇那边是浦西话，过了江就是浦东话，虹口就是虹口话。这四种话都有一点区别。徐家汇这里原来是乡下，那个口音就是上海县乡下的口音，和城墙圈里城区的口音还是有区别的，所以这里说的城南就是指南市，城西就是指徐家汇这一带，笼统地说都是比较纯粹的上海本地话。

　　苏州腔不只是"男、南"这些字的读音上的区别，老上海都知道有"阿是""阿会得"这样的说法，这个说法也是从苏州来的——地道的老上海话只说"哦"（否），当然这个"阿"后来又被淘汰了。1853 年的《上海方言口语语法》记录，当时苏州人还

原汁原味

上海方言口语语法

依据陈忠敏（1995）的转写（略作修改）
声母（29个），韵母（61个）声调（8个）

p[6]比	p'[pʰ]批	p~b[b]皮	m[m]米	f[f]飞	f~v[v]微	
t~d[d]多	t'[tʰ]拖	t~d[d]杜	n[n]怒			l[l]路
ts[ʦ]精	ts'[ʦʰ]清	ts~dz[ʣ]尽		s[s]心	s~z[z]寻	
ki[c]鸡	k'i[cʰ]去	ki~gi[ɟ]其	ni[ɲ]拟	hi[ç]希	dj[ʥ]序	
k[k]公	k'[kʰ]空	k~g[g]共	ng[ŋ]我	h[h]火	h[ɦ]河	
ø [ø]爱						

阴平	阳平	阴上	阳上	阴去	阳去	阴入	阳入
53	22³	44	23	35	13	45	12

上海方言口语语法

剧烈变化

现代吴语的研究

赵元任（1928/1956：82），他说："旧派'on'（暖，南）有的字读ò，有的读ó，新派一律读ó。"赵元任对于当时的新旧派有这样的描述："新派分类近似苏州，旧派近似浦东，（两派人以'苏州音'，'浦东音'互相指斥），但许多人搀杂两种。"
姚公鹤1917年指出："上海五方杂处，语言庞杂，不可究诘。"当时上海的语言可分5类：广东话、宁波话、苏帮话（他称之为"地主也"）、北方话和上海本地土话。又说："上海土语，除城南、城西一带，尚有完全土著外，其余一变再变。所谓上海白者，大抵均宁波、苏州混合之语言，已非通商前之旧矣。"
影山巍（1928）说："实际上，从系统来推测，本来上海话可以说是苏州话的变种，而宁波音、广东音的混入还是80多年前上海开港以来的事。"在上海，广东人、扬州人也不少，但是对上海话（尤其是租界里的方言）的影响很小。从比例来看，上海话里，苏州系的语音占75.0%，宁波系统语音占10.0%，广东系统语音占0.5%，其他语音（江北话、普通话等）占14.5%。总之，可以说，上海话就是按上述比例组合起来的混合语。

上海方言的剧烈变化

没有进来，当时的记录是：是侬个否？看歇戏否？饭好曼？1908年的《土话指南》："阿是阁下想要租呢啥？阿曾补，过歇实缺个？"这个都已经是苏州话了。

我觉得宁波话对上海口音的影响不大。但是，上海话中有几个我们觉得非常重要的词居然是来自宁波的。比如说老上海人

八面来风

苏州：典型的例子如e>ø的演变。

"阿VP"
1853《上海方言语法》：是侬个否？|看歇戏否？|饭好曼？
1908《土话指南》：阿是阁下想要租呢啥？|阿曾补过歇实缺个？

宁波：我|阿拉|老婆|老头（浜）

松江（徐汇）：迭（第）、衣|辫、哀

苏州话与宁波话传入上海

"我们"一般说"伲"，稍微正式一点说"我伲"，乡下的讲法，比如说松江叫"俉"，或者泗泾叫"阿伲"，没有"阿拉"这个说法。"阿拉"这个词就是宁波话的标志。还有一些例子，比如说老婆，上海话不说老婆，虽然宁波话也不说，但现在上海话"老婆"这个词的腔调是宁波话的。"老头子"是上海自己的方言，"老头"这个讲法，这个腔调是宁波的腔调，"老头浜"这个词，"浜"这个讲法不是上海的，应该跟宁波是一致的。

还有一些词，可能来自过去的松江话，比如"这"，最早上海话叫"迭"，这个是上海城里的话，松江话（可能包括徐家汇）叫"辫"。

后面的外来语和洋泾浜钱乃荣已经写了很多文章，我这里选了一部分。比如"瘪三"这个词其他地方没有，只有上海有。本来的意思不是指坏人，是指穷光蛋，一分钱都没有的意思，很可能也是外来词。日常用品：巧克力、华夫、牛轧糖、太妃糖、白脱、色拉、加仑、沙发、司的克、法兰绒、阴丹士林布、开司

外来语·洋泾浜

十里洋场

日常用品：巧克力、华夫、牛轧糖、太妃糖、白脱、色拉、加仑、沙发、司的克、法兰绒、阴丹士林布、开司米、铅、听（罐头）、邓禄普、绷普、史带脱；

娱乐：扑克、听（十）、土匹（两对）、沙哈、高尔、派、消；

制度：刚白渡、仆欧、拿摩温、拉丝卡、西辰（季票）；

工业词语：纬丝、密达尺；

惯用语：麦克麦克、瘪的生司、瘪三；

国名：罗宋、茄门；

其他：番丝

外来语·洋泾浜

米、铅、听（罐头）、邓禄普、绷普、史带脱；娱乐：扑克、听（十）、土匹（两对）、沙哈、高尔、派、消；制度：刚白渡、仆欧、拿摩温、拉丝卡、西辰（季票）；工业词语：纬丝、密达尺；惯用语：麦克麦克、瘪的生司、瘪三；国名：罗宋、茄门；其他：番丝。

　　上海原来的方言是非常保守的，因为上海不在交通干线上，大运河不经过上海，上海的西大门应该就是现在的朱家角这一带。上海乡下有一句话叫作"三泾不如一角"，朱家角当时非常发达，因为朱家角在上海进入大运河的要道上，所以它的地位很重要。凡是在交通枢纽上的方言变化都会比较快，不在交通枢纽上的变化就比较慢。我们比较一下那时的上海、苏州和嘉兴，会发现上海话的变化比它们要慢得多，就是保守得多。我们原来很自豪地说上海方言是这一带较为古老的，因为它的演变速度慢。但是1843年开埠以后，整个上海成了交通枢纽，因为海运开始启动，同时又是长江的终端，海运接驳江运，资本进入带来了移民，人员多了以后就出现一个问题，尽管他们来的这些人后来都学了上海话，但是学一种语言很不容易，特别是当你这个话本身还面临很大窘境的时候。什么窘境？上海从一个海边的县城渐渐孵化成国际大都市，必然有很多新鲜的事物，新鲜的现象和观念进来，这些都是新的词。这个新的词，上海人也面临一个再学习的过程。信息量太大了以后，就要求我们的规则简化，所以从原来的老上海话到现在的新上海话，从发音来说，我们的规则简化了很多，只有平时常用的一些词还保留着一些比较老的说法，其他的全部都被简化的规则洗一遍。你只要人进来，社会快速发展，你的方言一定是会变化的。

发展到现在，我们面临更大的问题。原先上海人很以自己的城市为自豪，同时也以自己的方言为自豪，讲上海话很光荣。80年代以后受普通话的全方位影响，我们的教育系统中最通行的话是普通话，这个时候上海话不得不开始退缩。首先从学校退出，造成我们很多上海小孩子不会说上海话。小孩从三四岁开始到大学毕业，8个小时在学校，他有多少时间跟你讲话？他讲话最多的时候，听到最多的话都在学校，都是普通话。大家都有孩子，你自己体会一下，孩子回家以后第一件事门一关，做功课。做好功课，吃饭的时候和你聊两句，就没有其他事情了。吃好饭又做作业，所以你想和他说上海话都找不到机会。这样一来，他怎么

普通话

新上海话

全方位的影响

系统的影响：一是音系发生变化。词汇影响明显，替换了很多说法，比如"所以"替换了"介咾"，"如果"替换了"假使"和"倘然"，"一天"替换了"一日"，"快到了"替换了"到快了"。

使用域的影响：二是压缩了上海话的使用领域，以前上海话是上海人交流的唯一工具，无论聊天还是读书都使用上海话，现在上海话更多地使用在家庭之中、日常生活之中，在公共场合，特别在文化教育方面，普通话显然更具优势。方言地位降低。

语码转换和语码混合：三是上海话的表达功能开始残缺，很多话非普通话不能表达，因此，即便用上海话交流，一句话中也经常需要夹杂普通话，或者对话中一半使用上海话，一半使用普通话。

普通话对上海方言全方位的影响

学说上海话？

最后就剩一些年龄比较大的，经常在家里生活的，围绕一些特殊的场景，比如说在弄堂里见到隔壁邻居说上海话，去菜场买菜说上海话。但就算这样，这些地方的上海话也在悄悄地变化，我有一次在汽车上听到一个人说去欧尚超市，"尚"说成 sang，不是 zang，我听了这个发音很奇怪。事实上我们也看得很清楚，什么地方的人上海话变化得最快？不是在黄浦、南市、卢湾这一带，是在杨浦、闸北、普陀这一带，就是这些移民，特别是新移民比较集中的地方，他们的上海话始终比较超前，最后把上海话带到现在这个局面。

上海从一个海边的小县城到一个大城市，所有的东西都会变化，语言也会变，我们要坦然地接受它，语言变化是社会发展的必然，现代化加速了语言变化。但我也一直有疑问，如果变成国际大都市，是不是自己原来的老东西都忘了？所谓国际化大都市，指的是一种海纳百川的心态，呈现一幅多元文化交融的图景。多元文化，自然也包括了本土文化，而且本土文化应该成为其中相当重要的一股力量。我们去伦敦、巴黎、纽约、香港，我们总希望看到一个特色。那么上海的特色是什么？除了外滩、淮海路，除了房子之外，我们还留下来什么？还有什么东西是上海的。比如说，新的建筑，其他城市也在不断建设。那么，上海有什么东西将来可以跟人家说？你再拎五香豆出去，没有人会理你。所以这是每一个人生活在上海都要考虑的问题。有哪些东西，我们留下以后，人家还可以从观感上说这是上海独有的。

我们去苏州，苏州一直是吴语区的文化中心，现在听说有一个调查结果说，能够讲苏州话的人占整个苏州市人口的不到四分之一，另外厦门也好不了多少，上海比苏州厦门还乐观一点。现在最担忧自己文化消失的第一个是苏州，第二个是厦门。吴语区其实一直在变，这跟吴语区的人比较务实，比较喜欢接受新的事物有关系。我们现在很开放，我们很善于学习，有善于从其他地方吸收新的东西，这是好的。但是我们旧的东西也比别人丢得快，这当中就有价值权衡的问题。上海话作为上海"最重要的非物质文化遗产"，已处于弱势地位。有容乃大，上海话的发展历史，就是多样化的方言交融的历史。常用常新，要使上海话体现出活力和包容性，而不至于继续呈现"断裂"，关键还在重新塑造我们周边的语言环境。

　　我自己本身是研究方言的人，我的原则是不评判好或者坏，只是把我调查到的东西告诉你。到底好或者不好，由各位市民朋友自己来判断。

扫码观看《吴侬软语与江南文化》视频内容

传神的方言

/ 钱 程

钱程，男，上海市第十届、第十一届、第十二届政协委员，第十五届上海市人大代表，中国曲艺家协会理事，上海市曲艺家协会副主席，全国非物质文化遗产项目滑稽戏国家级代表性传承人，独脚戏上海市代表性传承人，国家一级演员。从艺四十多年，受滑稽大师姚慕双和周柏春等教诲，演出滑稽戏、独脚戏、上海说唱一百多部。出版《海上滑稽春秋》《跟钱程学上海闲话》《钱程讲外国童话》《钱程带侬白相新上海》等有声读物 10 多部。曾获中国曲协德艺双馨会员、全国艺德标兵荣誉称号、中国曲艺最高奖"牡丹奖·表演奖"第二十八届上海白玉兰戏剧表演艺术奖主角奖等荣誉。

陶教授是一位很厉害的语言学教授。接下来我将从另外一个侧面，从语音上着重跟大家分享一下上海方言。

　　我觉得方言有其自身的使用价值和比较特殊的文化价值，它是一个民族文化的载体和组成部分，是不可再生的非物质文化的资源，也是构成多文化元素的一个因素。听乡音，记乡愁，可以增强对所在城市的认同感，可以对维系家庭、团结社区、热爱祖国，起到推动作用。是不是有点言过其实？我举个例子：我相信大家都有出国旅游的经历，出国旅游必定要去的一个地方：免税商店。上海人一听到附近有人说上海话就引起关注。等走到另一个角落，大家又无意识地碰头了，屏不牢了，"侬是上海来的呀？""侬也是上海来的呀？"你看，明明都不认识，就是因为听到了上海话就搭讪，增强了民族自豪感，起到了团结社区、热爱祖国的作用，所以乡音非常重要。

　　刚刚陶教授也说到语言是流动的，是发展的，但是近年来关于语言的流失或者式微的速度比想象的还要快。前几年，联合国教科文组织组织了一批专家，对地球上的七百多种语言进行评估，评估下来分了七个级别，其中第三级叫"肯定濒危型"，即"这种语言是家长跟自己的子女交流的语言，家长用这种语言与子女交流，子女已经不用这种语言来回答家长。"换句话说，就是家长说上海话，子女用普通话回答，过一会全家都讲普通话了。我是做演员的，有时候比较注意观察生活，走在马路上有时候碰到学校放学，我就听祖孙两代在交流。奶奶对孙子说："囡囡，读书很辛苦的噢，要补一补，奶奶买了你最喜欢吃的盐水花（虾）"。讲的是洋泾浜普通话。奶奶其实可以多与孙辈讲上海话，营造一些上海话的语言环境。我每星期要到学校给小朋友上课，我想我做小学生的时候从来没有上海话的课程，现在要设置上海话课程，教小朋友讲上海话，而且有一些小朋友听得懂，不会讲。稍微差一点的听不懂也讲不来。我从最基础的教起，从自然界的昆虫开始教他们。我就问"蝈蝈"是什么颜色的？我没有教过他们，一下子回答不出来了，想了一想，举手回答："'驴'色。"他们看到这个词，首先想到的是普通话，而不是上海话，讲出来的都是洋泾浜的上海话，这就叫"普通话思维"。上海话不是说拷贝不走样就算是学好了，最主要是交流，大家都用上海话来讲，那才算是学会了。

有人说普通话是一杯水，方言就像妈妈煲的一碗汤。如果汤没有了，我们还可以喝水，但是方言没有了怎么办？一方水土养一方人，我们都知道，方言在我们的生活中是一个强烈的文化符号。再举个例子，比如说我们的影视剧，涉及领袖的，基本上都有方言出现。比如说毛泽东的湖南话，邓小平、陈毅的四川话，都有方言。方言一出现，观众的接受度更加高，而且这个演员在塑造领袖人物的时候就更加传神，其中方言起很大作用。前几年有一部电视连续剧《历史转折点的邓小平》。为什么说这部电视剧？因为和我们滑稽界有关系。饰演邓小平的演员是我们老牌滑稽王无能的外孙马少骅，他的外公是我们滑稽开山鼻祖。我当时看电视连续剧的时候很佩服，想这个人怎么四川话说得这么好，后来知道有他外公的遗传因子。因为讲了一口地道的四川话，所以在演邓小平的时候就非常地传神。如果所有的影视剧牵涉领袖人物的时候都说普通话，不是说不可以，但总是缺了一点神似。如果我们的滑稽戏和沪剧都用普通话讲和唱，那就不是滑稽戏和沪剧。如果上海话没了，那么上海的滑稽戏和沪剧也没有了。苏州话没有了，苏州评弹也没有了。无锡话没有了，无锡的锡剧也没有了。宁波话没有了，宁波的甬剧也没有了。绍兴话如果没有了，越剧、绍兴大班也没有了。苏北话没有了，苏北的淮剧和扬剧也没有了。因为各地方的戏曲赖以生存的土壤就是方言，都是用方言来演绎的。1959 年，据统计全国有 368 种剧种，到了 2013 年，全国只剩下 286 种。老祖宗给我们流传下来优秀的中华传统文化，如果方言消失了，我们的后辈就看不到很多优秀的传统戏曲。

我再分别地说说方言。

首先说一下浪漫现实的广东人，我认为广东人是浪漫现实的。为什么这么讲？在早期的移民中，广东人耳听六路，眼观八方，而且做生意相当成功。其他的不说，就说南京路上四大公司。第一家是马应彪开出来的先施公司，应该说是我们国人开出来的第一家百货公司。第二家是永安公司，永安公司是在香港注册，然后派了郭琳爽去海外学习怎样经营百货业，把国外先进的理念带到上海，然后他成为永安公司的总经理。永安公司当时卖化妆品，还会安排女性服务员为你服务。你如果要买大件，还送货上门，那个时候服务就很周到，所以大家觉得很暖心。说到这两个公司还有商业上的竞争，本来先施公司造了五层楼，永安公司后造，造了六层楼。先施公司看了以后不高兴，又加盖了两层，变成了七层。永安公司加了"绮云阁"，先施公司再在楼顶加个"魔星塔"，两家人就这样明里暗里较劲。第三家是新新公司。新新公司的老板叫刘锡基，这个人本来是先施公司的经理，跳槽之后在现在第一食品公司这个地方开了新新公司，形成了"三国鼎立"的局面。又过了一段时间有一个广东人蔡昌跑到上海来，一看广东同胞在上海百货业做得风生水起，生意都这么好，也想赚一票。然后选址，也就是在现在第一百货商店的地方，造了一个大新公司。大新公司一到四楼卖百货，五楼是舞厅和饭店，六至十层大新游乐场，还有屋顶花园。由此形成了上海的四大公司。可以说四大公司占了上海的半壁江山，都是广东人开的。

　　广东人的聚集区在什么地方？四川北路群众剧场附近是广东人的集聚区。这个剧场也是广东老板造的，这个人叫曾焕堂。所以在周边弄堂里，经常可以听到说广东话小贩的叫卖声：芝麻糊、白糖伦教糕。他们对吃相当有研究，大家都知道广东人煲汤是出了名的，有很多住在他们隔壁的邻居吃不消，不是因为味道不好，是因为味道太好了，但是上海人又吃不起。应该说当时广东人在上海生活的质量比一般的上海人要高。20世纪八九十年代，粤语歌红遍大陆。我们设想一下，如果香港或者广州的音乐家都不唱粤语，用普通话唱，还有这个韵味吗？

　　我们再说说精致软糯的苏州人。听苏州人讲话真的是软糯，非常的好听。刚才陶教授也说情愿跟苏州人吵架，也不愿意跟宁波人说话。的确如此，苏州话软，宁波话相对来说比较硬。苏州话一讲，非常的软糯："嗳个小娘唔标志是标志得唻"（这小姑娘漂亮得不得了）。苏州人也很客气，哪怕火气再大，想打你耳光也会征求你意见："阿要拨倷记耳光吃吃？"我们说苏州话吴侬软语，是从音调、语音、韵味上去分析，在结构表达上和其他方言或者跟普通话也有比较强烈的区别，比如说表达事物比较细腻。如指方位，有"该搭"（近指）、"格搭"（较远）、"归搭"（远指），而在普通话中只有"这里"（近指）和"那里"（远指）两种，表现层次显然不如吴方言来得丰富。

再如苏州话对物体有限称：对"大"与"小"的形容，有"野野大""咪咪小"的说法。把大、小的程度说得十分透彻。表达中往往带有感情和体征色彩。如某事结束叫"舒齐"，表示整齐妥帖地办完某事后心情十分舒畅。同样，将"恰好"称"齐巧"。

苏州话音调一转有正义反释，比如说"好"，是正常的好，如果拖长音调"好——"就变成不好了。"谢谢"表示感谢，"谢谢俫一家门"就在触你霉头。同样，常熟话也有正义反说，比如说一条河上两条船相向而行，即将要相撞了，还没有撞到的时候，船老大在船上叫"勿好哉！勿好哉！"，等到真的撞上了以后却说"乃么好哉！"。民以食为天，有的时候很多民间的语言、造字是从吃食店而来的。比如说苏州有一个熟食店非常有名气——陆稿荐，当时最有名气的是猪头肉。要贬低一个人的耳朵是猪耳朵，就会说"侬的耳朵忘记勒陆稿荐哉"。

江南儿女最是秀美，吴侬软语最牵人心，如果没有了吴侬软语，苏州话还会这么婉转动听吗？我想不会。

我再说说精明诚信的宁波人。宁波人很会做生意，世界各地，宁波人做生意都呱呱叫。很多巨商都是宁波人。有一句话叫"无宁不成市"，这句话非常有名气。宁波人做什么？控制了钱庄、银行、医药、五金业，最早涉足了机械船舶等重工业。这里面要说到一个人，叫叶澄衷。叶澄衷是一个宁波人，在清朝末期的时候因为家境不好，庄上有个人说带他去上海发展，他那个时候 17 岁就到了上海。先是在店里做学徒，他觉得这个老板非常懒，没有什么出息，就出来自谋出路，在黄浦江上做摆渡的生意。当时有很多洋人，他把小舢板摇到洋轮旁卖一些小食品赚一点小钱。一天，有一个英国籍的洋行经理要租他的舢板去对岸，这个外国人上岸以后，他看船上有一个皮包，打开一看里面有巨款，还有黄金、首饰。心想这个外国人肯定是急匆匆地忘记了，他就等着，等了很长时间，一直等这个外国人满头大汗回来拿这个皮包。一看这个皮包还在，洋人没想到一个中国最底层卖苦力的人居然这么讲诚信。第二天，上海滩的很多大小报纸都刊登了一个消息《"小舢板"拾巨资物归原主》。这个外国人见他这么讲诚信，就介绍他做五金生意。之后叶澄衷在当时的百老汇路，也就是现在的大名路开了中国人第一个五金店，专门经销五金配件，也是他的第一桶金，他事业的发迹就是这样来的。然后在公平路、唐山路这个地方专门办了一个学校叫澄衷学堂，第一任校长是蔡元培先生，后面有很多名人都从这个学校毕业。再说到宁波人做生意，我报一些名字出来大家听听。中华老字号：培罗蒙西服店、亨生西服店、邵万生南货店、三阳南货店、乐源昌铜锡五金店、亨得利和亨达利钟表店、中华皮鞋店、老正兴菜馆、蔡同德国药号、泰康食品商店、协大祥绸布店等，包括1874年创办的鸿运楼和状元楼，都是宁波人创办的。宁波话也有正义反说："一个大大小晚（孩），坐高高矮凳；手里拿把厚厚薄刀，来概切硬硬耐（软）糕……"。宁波人吃早饭不叫吃早饭，叫吃"铁娘饭"，是天亮的谐音。中饭叫"昼饭"，意思是白昼吃的饭。而且宁波人讲话有音乐性，比如说有个学徒到店里学生意，老板叫他做事情，发音都是"da ra mi"的发音（省略）。

再说说低调的无锡人，无锡是我们上海的邻近，有山有水，有太湖，人杰地灵。虽然有山有水，但是无锡人做人很低调，不显山露水，而且很会打理自己的生活，还会经营人脉，所有事情都做得滴水不漏。无锡人有四大特产，现在可能都有变化了。第一大特产是南门清水油面筋，第二个惠山的烂泥磨磨（大阿福），第三个是王星记的馄饨，第四个是三凤桥的无锡肉骨头。无锡人做生意基本上是五金、纺织业，虽然不会大富大贵，但是基本上到小康阶层。在上海可以说过上比较实惠的生活。无锡人做什么小生意都很积极，比如说卖豆腐花、卖熟食等（省略）。

再来说说艰辛漂泊的苏北人。苏北人相对中上层的移民比较漂泊，特别是1931年有一场大水灾，逃难到上海来的有7万多人。再加上日本人侵略中国以后又逃难进来一大批。所以上海话也受苏北话的影响，还有受苏州话、宁波话、杭州话、广东话等的影响。苏北人的社会地位比较低下，因为是逃难过来的，又没有什么文化，到了上海基本上就是卖苦力，做三轮车夫，在码头做搬运工，做的都是最苦最累的活，没有什么社会地位。非但被中国人欺负，还被外国人欺负，那个时候歧视他们就叫他们"江北人"。作为滑稽演员来说，我们对各地来的人都非常尊重，既然是尊重，我们就不会讲歧视的语言，所以说到苏北人的时候我们从来不会说"江北"，因为说"江北人"是歧视，我们都是叫"苏北人"，苏北是一个地方的称呼。他们住的地方在城郊或者是苏州河两边的棚户区，苏北人小贩做小生意，比如说修阳伞、磨剪刀等，拿得上台面的也就是"三把刀"。现在不对了，苏北人的生活很富裕了。他们流行一句话叫"早上皮包水，晚上水包皮"。什么意思？早上"皮包水"，喝早茶。到了晚上"水包皮"，就是洗澡。后来我们研究苏北话有时候觉得和日本话很像（例句省略），会不会是当年鉴真和尚东渡的时候把苏北话带过去了？

再来说说理性克制、讲究契约精神的上海人。一只"假领头"就可以看出上海人山清水绿背后的精打细算。那个时候都用布票，没有布票就买假领子，因为是"的确良"的，不需要布票，穿在里面很挺括体面。很多人对上海人有误会，觉得上海人精明、小气。其实上海人的底气是什么？我做好我自己，我也不给你添麻烦，我也不找别人麻烦，这个是上海人。而且讲契约，这可能就是 1843 年上海开埠以来最早接受西方文明的结果，比较有契约精神，所有的事情不会乱拍胸脯（承诺）。上海人先说可以做到什么，你同意的话我们继续，不同意就拉倒（算数），这就是上海人。由于长期"七十二家房客"的居住环境，各地方言夹杂进来形成了现在的上海话，上海的方言其实也是开埠以后接纳了各地的方言而形成的一种移民方言。作为一个滑稽演员，我讲的上海方言是特指老城厢南市区的上海话。以前上海市民讲话跟我现在讲的话一样，比如说开心的心和高兴的兴，开心的"心"是尖音，高兴的"兴"是团音，是分尖音和团音的。刚才陶教授讲"阿拉"，同时全国都承认"阿拉"两个字指代上海人。有很多词都是把宁波音去掉就变成上海话了，比如说血血红等。宁波话中还有很多象声词应用的比较多（例句省略）。我们受苏州话的影响也比较大，比如说"阿是"这个就是苏州话的句式，还有"几化"等。还受杭州话的影响，比如上海话说"很多"的意思"莫唠唠"，这个就是受杭州话的影响。还有"亨拔冷打"就是受广东话的影响。还有洋泾浜英文，来叫 come，去叫 go。我们还吸纳很多的外来语，比如说"电车"这个词是上海人造出来的。上海人延伸了，如果今天没有乘车走回去，叫乘 11 路（两条腿形似 11）电车。上海自从有了交易所，因为有算盘，就产生了"开盘""收盘"这两个词。后来又有了"明盘""暗盘"这两个词。后来有外国人花了冤枉钱，叫"洋盘"。这种灵活的用词和发散性思维，不得不说只有在上海这座国际性大城市、中西文化相互融合的情况之下才会产生。上海人对《新华字典》的贡献也很大，比如说沙发、幽默这些词都是上海人用了以后，被全国人民吸纳，通过报刊传播到全国，最后收录到《新华字典》中。

上海话除了我刚才说的市区话，其实还有郊区话。我曾在做上海话比赛评委的时候碰到一个问题，有一个奉贤小朋友用奉贤方言讲了一个故事，故事表达得很好，很精彩，评委犯难了，说他讲的不是上海话，怎么评？我说这是我们组委会的问题，不能说奉贤方言不是上海话，容易引起语言歧视。上海行政地域范围之内的全部是上海，只不过他是带有这个地区的口音，我说要么给他一个特别奖，以后我们在进行上海话比赛的时候，应该表明我们讲上海话比赛是特指老城厢的上海话，这样就解释清楚了。说到这里，我发散性地想到，因为我一直和这些选手们接触，有些小朋友讲的话也很滑稽。用上海话演绎唐诗，"我住长江头，君住长江尾"。小朋友说"我是长豇豆"。这也不能怪小朋友，是教他们的家长或者老师有问题，不知道唐诗应该用"文读"的方法来演绎。

说到崇明方言，在隧桥造好之前，崇明的交通不是很发达，相对来说比较闭塞。有几句话也比较像英文。崇明人去酒吧碰到开洋酒 XO。崇明人一问价格，觉得很贵，叫他不要开，就说"奥开"。人家误听为"OK"，就开了；嘉定话听上去文绉绉，"格朗"（这里），"盎好？"（好了没？）。用字也可以简单，一个字可以表达很多意思，比如说两个人敬酒就说"夯"。看到一件中意的东西要不要买，一个字"夯"也解决问题；南汇话说起来嗲声嗲气，讲话常用倒装句，像英文一样，"转弯"叫"弯转"，"蹄髈"叫"髈蹄"。

上海这座城市海纳百川，兼收并蓄，东西方文化在这座国际大都市里交融，显现出最生动、最鲜活的人间烟火。每一个地方来的人，都自带一种文化、一种腔调和一种习俗，把这座城市的格调搞得五花八门，精彩十足，这就是我们熟悉、为之骄傲的上海。

只有让各地方言口口相传，记住乡音、记住乡愁，才能延续所在城市的文化积淀，找到认可这个文化内涵的生活方式，保持人们对所在城市的文化认同。

扫码观看《传神的方言》
视频内容

第八讲

江南水乡

时间：2021 年 11 月 19 日　19:00—20:30
嘉宾：胡晓明　张立行
地点：上海博物馆学术报告厅

水乡：华夏文明千年修行的善果

/ 胡晓明

　　胡晓明，文学博士、中国古代文学理论学会会长、华东师范大学中文系终身教授、博士生导师。主要从事中国文学思想研究及近代诗学和学术史、江南文学等研究，著有《中国诗学之精神》《万川之月：中国山水诗的心灵境界》《灵根与情种：先秦文学思想研究》《文选讲读》《近代上海诗歌系年初编》《诗与文化心灵》《文化的认同》《江南文化诗学》《文化江南札记》等作品。

很荣幸第二次站在这个讲台上，"江南文化讲堂"已经成为一个品牌，我去年讲的是"江南的美学"，今年讲"江南的水乡"。

我先讲两个小故事。

第一个小故事，好多年以前，我们学校接待了一位日本的陶艺家山根彰正先生，他花了整整一年的时间做了一套日本陶艺"备前烧"，是日本的六大名烧之一。他把这套"备前烧"无偿地捐赠给我们学校图书馆。他为什么做这样一件很花功夫的事呢？是因为一本书，这本书叫作《御制耕织图》。

《御制耕织图》的故事非常多，简单来说，南宋的时候有一个画家县长楼璹，画了江南的水乡，是当时农村男耕女织的生活，一共有 45 幅。到清代的时候这本书特别受到皇家的推崇，康熙、乾隆都在上面有御批。后来就变成了东亚地区文化交流重要的礼品。我们图书馆正好藏有一本康熙《御制耕织图》，这也是我们的镇馆之宝，我们就高清影印，赠送给了一些国际友人。山根彰正拿到了这本书，花了整整一年的时间，根据《御制耕织图》原样制作了 45 块陶艺，重新回赠给我们学校。中国的"江南文化"对日本水稻文化、纺织、丝绸文化影响甚大，他把这套东西回赠给我们学校，带有文化酬恩和交流回报的意思。我觉得这位艺术家很了不起，用日本国宝级的陶艺制作出来并回赠给我们，我们当时还作过报道，把这件事看作是日本艺术家对"江南水乡"的致敬。为什么和"水乡"有关系？因为只有在"水乡"才有这样发达的养桑蚕和纺织业，才有男耕女织，表现了"江南水乡"是一个和谐有序的社会。日本大米当然很好吃，日本考古学界曾有发现日本早期水稻和苏州考古遗址水稻的碳化合物成分非常相近，至少有一派认为中国"江南文化"是水稻文化的原乡。

第二个小故事，在长三角三省一市交界的地方，上海市和浙江、江苏投入做一个"水乡客厅"，打造集"安全、生态、清澈、低碳、智慧和水韵"等为一体的功能复合型水乡生态空间和发展空间，这是一个大手笔。要做什么事情？就是要恢复水乡。要重新唤回水乡的灵魂，江南的灵魂就是水乡，能够让人们安身立命的环境就是水乡，它叫作"绿心"，是长三角绿色的心脏。

目前对人类文明史分类有很重要的改变，把文明史重新划分为三个阶段。黄色文明、黑色文明和绿色文明。黄色文明就是农业文明，黑色文明就是工业文明。第三个阶段刚刚起步，就是绿色文明，人类刚刚跨入绿色文明。我们都很幸运，正在跨入绿色文明新阶段。"绿心"是具有非常重要的时代标志意义。上海的定位是"世界级滨水人居文明典范"。展示了人类与自然和谐共

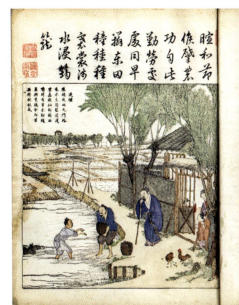

康熙《御制耕织图》

日本陶艺家山根彰正和他根据《御制耕织图》创作的日本陶艺作品

生、全域功能与风景共融、江南风和小镇味共鸣的未来愿景。这个最新的故事给我们一个十分重要的提示：江南的水乡不仅是过去，而且也是面向未来的。

水乡的明媚是江南灵秀的来源，因为有水就不一样。江南这个地方非常奇妙，狭义的小江南，环太湖流域，北有运河，南有钱塘，东有东海，西有长江的一部分，中间还有环太湖流域，河汉港湾密布，全中国找不到这样一个水系丰富的地方。水乡有一种自然与人相亲的特别的美。正如王国维的诗所歌咏的："兴来即命棹，归去则隐几。"

水乡绝对不是一个贫穷落后的地方。我到崇明做讲座的时候，崇明的基层工作人员告诉我，崇明原来有很丰富的河流湖泊，但填埋了不少，因为很落后，有蚊子，就铺上了水泥。那个时代的观点，水泥才是现代化，才是高大上的，所以有很多石头的小路和河流，都铺上了水泥。经济学家说水泥是20世纪的一项伟大发明，同时也是一项重大灾难，其负面意义却是把人和自然隔开了。本来人和自然是很亲近的，现在把它隔开了，"水乡"可以改变这个概念。

五千年前良渚文明就已经是水乡世界的源头。中国历史由东汉始有很大的变化，从东西冲突转为南北对峙，"江南时间"真正开启，即渐次从平原到水国，从战争走向和平，从野蛮走向文明，从破坏走向建设，从封闭走向开放。而返身向内，"返者道之动"，从现代进程又回向绿色文明，这就是"江南时间"一条纵贯的线索。"水乡"既创造了传统中国的男耕女织、历史学家所称道的"江南奇迹"、文学艺术史上的江南美学，又昭示了美丽中国的未来生机，值得今人好好珍惜，认真阐发。

我们从中国千年历史看水乡，水乡是华夏文明千年修行而来的一个善果，是古典中国这条巨龙的点睛之处。经数千年之演变，"水乡"标志着完成了中国历史的三个"乾坤大挪移"：一是政治军事史从东西到南北，二是经济生活史从平原到水国，三是艺术文化史从山林世界到水乡世界。

上海人最早居住的地方，其中最靠海的一个点，就是今天金山区的亭林镇，也是良渚文化的遗址，最早的时候水乡从良渚这个地方开始。五千六百年前的良渚文明为什么要把都城定在今天浙江余杭这里？道理很简单，因为需要山林里大量的材料，比如说大山里的石头、木材等。良渚文明目前已经被联合国定为世界物质文化遗产，公认为华夏文明最早的起源地之一。良渚有非常精美的玉器，还有古城，这些都是文明的标志。学界认为文明起源除了文字之外，第一是城市，第二是玉器，还有就是水稻以及水利。良渚这个地方，水网可以通往环太湖流域若干定居点，是最早的水乡。

一是政治军事史：从东西到南北。

中国历史，以东汉为界，从崇尚武力讨伐、你死我活的"东西对峙"，翻转过来，转型成为崇尚文明建设和和平发展的"南北之异"。中国文化有一个大的主轴线，原来是东西走向，到了东晋开始翻转过来变成南北走向，这是一个非常大的转变。

西汉时期的冲突，所有的冲突、丝绸之路、文化中心、战略部署都是东西走向的。东汉所有的战争和冲突都是东西走向的。到了东晋之后，到了魏晋南北朝，中国开始划江为界，开始有了南北的发展，那个时候中国文化的重心开始转移到长江，这是中国文化第一次重心的转移。第二次转移是南宋的时候。

二是经济生活史：从平原到水国。

运河是一条连接富饶水乡与中原的大血脉。运河在隋代之前没有贯通，但是到了隋代之后彻底贯通。说得夸张一点，江南的水稻都被这条水抽到北方去了，如果没有运河，汉代和唐代的长安繁华可能支持不下去。江南的大米和丝绸源源不断走出去。这里还有关于怎么样治理河。其实治理水乡非常不容易，钱泳在《履园丛话》有关于《水学》的说法。"如人之一身，血脉流通，经络贯串。"我们的先人做了大量的劳动治理水乡，才可以让江南变成与北方有区别的，有"古道、西风、瘦马"与"小桥、流水、人家"的区分，有"胡马秋风冀北"与"杏花春雨江南"的

北方

江南

区分。

中国最早的市场经济，明清时期就从江南发展起来了，可归纳为六个原因：

1. 交通方便，聚才聚财，要素流动。水路就是财路，就是古代的"高速公路"，交通方便就可以聚才和聚财，我们今天叫作要素流动。

2. 沟通方便，货比三家，买方优先。买方优先就会产生需求，慢慢地变成市场经济。

3. 交流便捷，破除保守，技术发展。原来是一家一家关起门来做，但是如果交通方便，我这里有技术，你那里也有技术，我这里有木匠，你那里有瓦匠，这样就可以发展技术。

4. 技术革新，教育优先，脑子聪明。有物的需求、商品需求，就要有人才，要有人才，就要教育优先，教育在江南地区非常的发达，很重教育，所以江南这个地方为什么考上科举的人这么多，就是因为重教育，技术发展好，脑子聪明。

5. 人际和谐，做事条理，公平秩序。因为市场经济，要做生意，所以人与人之间的关系要和谐，不能用武力，不能用拳头，做生意要谈判、交流和沟通，所以江南这个地方做事越来越有条理，追求公平和秩序。

6. 商品互动，质量互鉴，精益求精。商品互动，质量也可以互相得到监督，慢慢地走向精益求精。江南这个地方的工艺水平是最高的，做的东西是最细致的，就是这个道理。

总结下来，水乡、水网、水路、活路、人脉、市场之路、公平与技术进步之路，北上中原、东接大海，是一条开放之路，也是一条保障之路，所以我说水乡是华夏文明五千年修行的善果。

三是艺术文化史：从山林世界到水乡世界。

艺术史上的一个简单的事实是：以元四家为代表的江南画风，董其昌为代表的南宗画论，以吴门画派为代表的古典传统，久久地俘虏了整个清宫四百年的趣味。因为清宫的画自以为了不起，后来发现不行，还是江南的画好。中国艺术史上的宋元系统不同于汉唐系统。宋元系统的画家不是专业画家，是业余的，苏东坡就是在杭州当地方官，同时他也是学者，他对周易、老子和庄子都有研究，他业余时间画两笔、写点儿字，几个朋友开一个雅集，喝个酒，弹个古琴，这种方式中国人现在正在慢慢恢复，宋代的风雅生活非常受年轻人的追捧，这是非常不一样的系统。宋元系统完全依赖于江南水乡为它的精神土壤，这点有大量的历史资料来证明。这些画传递了一种非常美好的气息，就是江南人生活的美感，它的清莹与透明，远离尘世的烦嚣。

水乡不仅是一个地理概念，更是一个宜居概念，不仅是一个宜居概念，更是古典中国的文化符号，典藏了数千年文明发展的重大密码信息，即：刚柔相济的人性、和平安宁的向往，商品活跃的市场，自由儒雅的精神，精致爱美的生活，空明清朗的环境等。

现代作家郁达夫是江南的才子，他也永远忘不了水乡，他在《沉沦》中写道："在万籁俱寂的瞬间，在天水相映的地方，他看看草木虫鱼，看看白云碧落，便觉得自家是一个孤高傲世的贤人，一个超然独立的隐者。"水乡带给人的不仅是一种生活的环境，而且是一种心灵的精神上的超脱，是一种意境。水乡因为水网、水路，是戏曲之路与故事之乡与人性自由之乡，如果没有水路，弹词和昆曲根本没有办法发展起来，中国很多的故事其实都发生在水乡，跟水、桥、船、岸都有很多的关系。下次有时间，我再讲"古代小说与戏曲中的水乡空间与性别叙事"。

今天为什么需要水乡？我们要城市与自然、人居与景观的和谐共生、相得益彰，城市和乡村并不是二元性的关系。二元性的关系是工业文明时代的关系，到了绿色时代，是碳足迹、零排放，城市和水乡融合在一起的，也即是文明融化于自然之中，生

小桥流水人家的温馨与灵秀

安宁与平和

儒雅与文气生活的精致化

清莹与透明

活相融于生态之中。人与技术，相忘于江湖。所以，真正的水乡客厅，重点不是"客厅"，是"人居"。是最悠久的华夏文明，也是最具有前瞻性的未来文明。

扫码观看《水乡：华夏文明千年修行的菩果》视频内容

现当代美术视觉图像中的"江南水乡"

/ 张立行

张立行，上海文艺评论家协会副主席、文汇报创意策划总监。近年来，在上海中华艺术宫、刘海粟美术馆、苏州美术馆、上海市文联、久事美术馆等美术馆、艺术机构策展了"曙光"艺术大展、"从石库门到宝塔山"艺术大展、"第十六届上海青年美术大展"、"无问我心——张功慤作品展"，以及"意象江南""三生长忆是江南""寻觅江南""又见江南"等以江南为主题的系列展10余个，曾获文化旅游部优秀展览奖。出版了多部文艺评论集，并在全国的报刊发表了近百篇艺术评论。

首先感谢胡晓明教授的精彩演讲，他从历史和文化的维度对水乡，特别是对江南水乡做了宏观的精彩阐述，让我受益很多。我今天从另外一个侧面，一个特定的时间和特定的领域来呈现江南水乡的面貌，即所谓的"现当代美术视觉图像中的'江南水乡'"，说得通俗一点就是我们现代、当代的美术作品尤其是一些经典美术作品是如何表现江南水乡的。

可能有听众会问我，难道古代的书画中没有江南水乡这个概念吗？也有，我不大敢说。一方面是因为我所处的地方——上海博物馆是全世界收藏、研究中国古代书画的重镇，专家云集，假如我说古代的，肯定是班门弄斧；另一方面，刚才做报告的胡晓明教授不仅是历史学家、文学家、古典文学专家，实际上也是中国美术史专家，他是中国美院的特聘教授，对中国古代书画中的"江南水乡"有很深入的研究，刚刚在他的演讲中已经涉及这个话题。这几年由于机缘巧合，我有机会在上海刘海粟美术馆、苏州美术馆、中华艺术宫等策展了以"江南和江南水乡"为主题的艺术展，对"现当代美术视觉图像中的'江南水乡'"有了新的认识，在这里与各位朋友分享一下。

今天来的听众很多都是上海人，实际上上海人在三四十年前对江南水乡的了解不像现在那么全面丰富，对于江南水乡的印象大概就是小桥流水人家，就是江南小镇。说得再具体一点可能就

张立行策划的"江南"系列艺术展览

是周庄。周庄为什么成为上海人心目中的江南水乡的代名词？这也是与一幅很出名的美术作品有瓜葛，也就是已故的上海著名油画家陈逸飞20世纪80年代初创作的名作《故乡的回忆——双桥》。

据当地相关人士回忆，陈逸飞20世纪80年代初从美国回到上海，去昆山的周庄、锦溪水乡古镇采风，当时昆山至锦溪、周庄的公路尚未筑通，只能乘船走水路。陈逸飞没有采用画家们常用的在画板上直接写生，而是用相机把感兴趣的景物拍摄下来，带回画室，进行再创作。《故乡的回忆——双桥》就是水乡之行的产物。这幅作品被当时的美国商业巨子哈默所收藏。哈默还建有著名的哈默画廊，与陈逸飞签订了五年协议，每年为他举行个展。哈默非常喜欢《故乡的回忆——双桥》这幅画，之后哈默到北京见邓小平，将它作为重要礼物赠给了邓小平。这幅油画以后还上了联合国邮局的首日封，当时国内媒体做了大量报道。周庄一下子获得了大名。从20世纪80年代中期开始，每年到周庄写生的美术爱好者、艺术院校学生的人数是全国各个小镇中最多的。周庄在江南各个小镇中的游客中也是人流量最多的。不少人

陈逸飞 《故乡的回忆——双桥》油画

认为江南水乡就是周庄等江南古镇。当然，后来也有人说，陈逸飞这幅画中的双桥不是周庄的而是在锦溪，我曾经问过陈逸飞，他说，"江南古镇大同小异，既然周庄现在有了这个名声，那就算在周庄的账上吧。"

《故乡的回忆——双桥》的广泛传播，让不少人认为江南水乡就是周庄，就是江南小镇。但是，如果进行更加深入的研究会发现，实际上，在现代和当代美术作品中，"江南水乡"远不仅仅是江南小镇，小桥流水人家。在现代、当代画家的视野中，江南水乡的外延和内涵要比小桥流水人家丰富得多，在地理外貌上，江南水乡还有湖泊、山林、农田、树木包括有河流穿越的城市，过去"城小野大"，江南的城市往往为温润的农田树林河流所包围，因此，苏州、杭州、绍兴等许多规模比小镇大的江南城市都可以算是江南水乡。而在人文资源上，江南水乡人杰地灵，钟灵毓秀。在江南水乡的精神内核上，又往往是充满诗意的，是诸多出生、成长于此或在江南从事艺术创作艺术家的精神原乡。

在"现当代美术视觉图像中的'江南水乡'"的课题研究中，我觉得有两个维度往往为人所忽视。

第一个维度是中国现代主义绘画与江南水乡。

20世纪20年代开始，整个江南是与世界同步的，开放的程度远远超出我们的想象。相对于以现实主义油画为主潮的中国北方，江南从民国建立新式美术教育时就一直对西欧流行的印象派及印象派之后的现代主义情有独钟。刘海粟、关良、庞薰琹、周碧初等创办、任教的上海美专，颜文樑创办的苏州美专，林风眠、吴大羽、赵无极、吴冠中、朱德群等曾经创办、任教、就学的国立杭州艺专，它们都曾经是中国现代主义艺术的教学重镇。当年这三个学校的创办者、任教者大多有海外留学、游学的背景，大多是留欧、留日，后来培养的不少学生也去了欧洲留学。他们共同的兴趣是在中国特别是在江南地区推动现代主义艺术的发展，追求中西艺术融合。中国美术史上这些日后一系列如雷贯耳的现代艺术大师、大家，几乎都与江南水乡这片地域有着紧密相关的联系。他们的绘画当时被称为"新画派"，有的直接表现了江南水乡的美景、人物、风情、习俗，有的则从江南水乡汲取了充沛的灵感。直接或间接地呈现了他们对于江南水乡的迷恋和情感。让世界看到了这些源自江南水乡的中国现代艺术的独特和不凡，更让人们

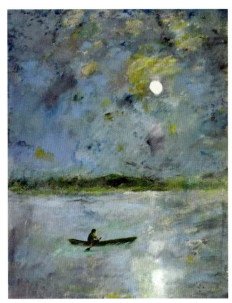

颜文樑 《月夜泛舟》

看到了他们追求中西融合的艺术理想,其影响力延绵至今,也对今天现代艺术发展起到了决定性的启蒙和推动作用。

这张是颜文樑的绘画作品,颜文樑是苏州美专的,他也是苏州美术馆的创立者。颜文樑的《月夜泛舟》采用了法国印象派的手法,这里隐隐约约的光影处理,很有莫奈作品的味道。刘海粟的绘画从"后印象派""野兽派"里汲取了养分,同时又进行的跨文化比较与研究,从中国文人画角度探寻油画现代性转变,将欧洲现代主义绘画进行中国化的探求。

林风眠的绘画不仅追求欧洲"立体主义"与"表现主义",更是从"中国民间美术"与"陶瓷绘画"上找到营养,从"现代主义"反观"中国民间美术",使他获得了"现代主义"的外在形式与江南文化内在诗性的统一。林风眠在20世纪60年代创作了大量的以西湖为对象的绘画,虽然他是广东人,他在自己的回

林风眠 《江南风景》

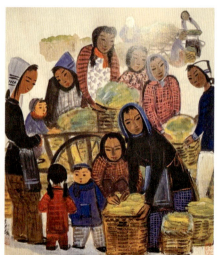

林风眠 《江南集市》

忆录里说对他影响最大的还是在杭州国立艺专做校长的几年，江南改变了他的文化基因。这幅作品是林风眠50年代深入生活后所创作的，题目叫《江南集市》。

吴大羽是杭州国立艺专的系主任，当时在杭州国立艺专倡导现代主义的"台柱子"，他的具有东方意蕴的抽象绘画是具有相当开创性的。这幅蜡笔作品《江南农村》，是我们看到的比较难

吴大羽　《江南农村》

得的吴大羽直接描绘江南的绘画。他培养了很多了不起的学生，像吴冠中、赵无极、朱德群等。中华人民共和国建立之后一直留在上海，一般人也不太熟悉他。20世纪80年代，吴冠中为他的老师吴大羽大力呼吁，要美术界很好研究吴大羽，吴大羽是非常了不起的、需要被人重新认识的大艺术家。

当时在上海美专教书的关良也是从日本回来的，他的绘画不是写实的，而是学习了现代主义绘画的方法，有变形、夸张，包括用色也很大胆。

周碧初、庞熏琴是上海美专的老师，也是从法国学习回来的。他们的作品也推动了现代主义绘画在江南的传播。赵无极曾是杭州国立艺专学生，后去法国留学，以东方诗意的抽象画名扬世界。这是他晚年在巴黎的画室，是上海摄影界董明专程赴法国拍摄的。他晚年说梦里经常想起杭州和苏州，因为他的母亲是苏

关良 《江南渔村》

《灵岩山》

州人。他说，我的抽象画现在能被法国人所接受，不是因为我像
法国人，是因为他们从我的抽象画看出了东方的味道，这才是真
正的价值所在。实际上赵无极和上海博物馆也有缘分，上海博物
馆曾经为他办过一个很大的展览，这是一位非常了不起的世界级
画家。

　　我个人比较喜欢吴冠中的画，他也是吴大羽的得意弟子，在
法国留过学。江南水乡是吴冠中作品中常见的题材，江南水乡在
吴冠中的笔下得到了非常好的阐释。作为生于江南、成长于水乡
的画家，吴冠中对江南有着浓厚的情谊。他也曾对学生说起"一
回到江南我就会激动……""我一辈子断断续续总在画江南……"
吴冠中画江南不但不受既定技法的限制，为了画好江南还自出
新意。早期水墨画中著名的代表作、被中国美术馆收藏的《双

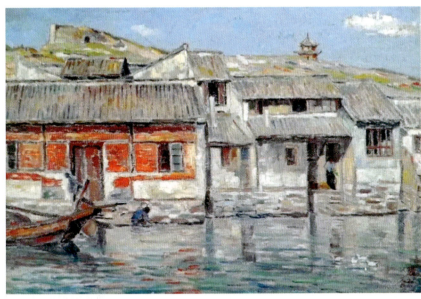

周碧初 《小镇》

庞薰琹《江南水乡》

《江南人物》

赵无极早年江南写生作品

《无题》

赵无极晚年在巴黎画室谈江南水乡

吴冠中《双燕》与《周庄》

燕》，即是典型的以水乡为题材的作品。《双燕》的创作纯属偶然，1980年吴冠中带着一批学生到江南去写生，在宁波火车站候车的时候，吴冠中发现河对岸有一排白墙黑瓦的老房子，于是掏出速写本画起来。而这个时候火车已经开始检票，同伴催促着吴冠中赶紧上车。虽然很匆忙，但这个景象在吴冠中心中久久不能抹去。而这幅作品在他心中酝酿了八年，就像一坛好酒。在1988年时，吴冠中终于将其绘成一张四尺整纸的水墨画。他给这幅画

吴冠中《苏醒》　　　　　　　　　　　　《江南小镇》

取名《双燕》，就是因为画面上方有一对燕子在飞翔。吴冠中善于将世间平凡的一草一木，通过笔墨再现，赋予对象以新的生命和意境，让观者产生强烈的情感共鸣。

　　这幅画是吴冠中的《周庄》，和陈逸飞的《双桥》艺术表现完全不一样，完全是现代主义风格。《周庄》也是吴冠中售价最贵的一幅画，2016年拍出了2.36亿港币。这幅是《苏醒》，1974年，已经55岁的吴冠中从限制绘画的农场生活中解脱开，在苏州郊外的一个寺庙里见到四株汉柏，这几株汉柏曾被雷劈，后复苏。他被柏树的生命力所感动，一直想把柏树画出来，但始终觉得用传统的方法无法表现，所以就采取了高度抽象概括的手法把汉柏内在的肌理和那种不被残酷自然环境所屈服的精神表现出来，这也成了他的代表作。汉柏实际上成为之后几十年间吴冠中许多作品的母体。《苏醒》只是其中具有代表性的一幅。吴冠中的绘画形式感非常强，尤其水墨画，寥寥几笔，就能传神地描绘出表现对象。吴冠中最喜欢用的三个颜色就是黑白灰，但会产生无穷的变化，让我们感受到其中深深的江南意蕴。他一辈子致力于油画的民族化、中国画的现代化。

总之，这些与江南有着千丝万缕情感联系的现代主义艺术家或者是江南人；或者虽不是江南人，但在江南生活工作之后，为江南独特的魅力所俘获。江南成为这些艺术家一生难以忘怀的地方，成为他们创作的无穷灵感。

第二个维度是现当代国画对于江南水乡题材的拓展。

中华人民共和国成立之后，社会的现实图景发生了变化，视觉的图形也应有相应的不同。江南水乡不仅仅应该是过去文人画家表现自我，抒写胸中逸气的寄托，而应成为表现新时代新生活的重要对象。就江南水乡本身来说，也发生了很大变化，如在江南兴起的水利建设等，就成为当时国画家重要的创作题材。"新国画""新人物画""新山水画"应运而生，这些作品所进行的现实转换，不仅体现在描绘了传统中国画亘古没有表现过的题材，而且体现在中国画家入世心理与现实情感的表达。这些作品唤起的境界，是崭新的社会风貌，境界的转换无疑也引发并直接促成了笔墨语言的重新整合与新的生机的注入。比如这幅《新安江》长卷，是当时上海中国画院画师陆俨少唐云伍蠡甫张守成等深入江南生活后合作创作的，直接全景式地反映了当时新安江水库建设的风貌。

《新安江》长卷（陆俨少唐云伍蠡甫张守成合作）

　　再比如钱松嵒，在 1949 年之前他在无锡做小学老师，创作
的视野不够开阔，题材也有所限制。中华人民共和国建立之后，
他真的是走万里路，画万里江河和山川，开了眼界，他画的名作
《常熟田》，虽然画的是一个平凡的江南水乡，却呈现了一个生机
勃勃的新世界。在这里，丝毫没有传统文人画里不食人间烟火的
意境，有的只是备感真实的生活景象。这幅作品是钱松嵒为新中
国成立十五周年庆祝大典献礼而作，所表现的内容是他根据此前
在常熟虞山上写生，目睹了当时繁荣新景象后的有感而发。钱松
嵒解决了中国传统山水画如何表现时代的问题，是山水画推陈出
新的一个范例。钱松嵒以自己独有的创作方式，回应了时代对山
水画提出的要求。他集时代精神、民族气派和个人风格于一体的
新画风，也深刻地影响了一批后来者。

　　这幅是上海画家王个簃画的《杨柳桃花》，他是上海中国画

钱松喦《常熟田》

王个簃《杨柳桃花》

程十发《歌唱祖国的春天》　　　　　　　吴玉梅《女社员》

院副院长，同时也是花鸟画家。花鸟画家要直接反映时代风貌比较难，但是他巧妙地借助花、树的美丽形象展现了新时代的特征，画得非常清新，把当时的时代精神特征表现了出来。

中华人民共和国建立后，国画家们关于江南水乡题材创作中，在人物画方面下了很大功夫，也产生了很多优秀的作品。这幅作品是程十发画的《歌唱祖国的春天》，程十发原来在上海美专专门学习国画，是画山水的，之后画连环画，后来创作了大量人物画。这幅画获得了 1957 年全国青年美展的一等奖，这幅画当中的女性形象来自 20 世纪 50 年代上海浦东合唱团的团员们，画面上她们在唱"歌唱祖国的春天"，旁边有工人，还有部队的

万蒂《白鹭竞飞新安江》   鲍莺《新安江水库》

干事。远景还有山云，重峦叠嶂；前景还有兰花和树石，程十发把一些传统的国画元素精彩地融合他绘画主题中，是一幅极其成功的中国人物工笔画。

又比如这幅是当时上海中国画院青年女画家吴玉梅画的《女社员》，表现了江南地区普通青年女社员朝气蓬勃的风貌，令人观后难忘。当时有许多画家都到江南农村去深入生活，真正投入时代之中，从情感上完全与时代相融合，为我们贡献了一批散发时代气息的江南水乡题材优秀作品。拂去时间的尘埃，今天回望，依然那么动人，散发出当时艺术家真挚的创作激情和恒久的艺术魅力。

当然，时代不同了，艺术家对于同样题材的处理也会发生变化。比如 2022 年上海中国画院组织画师重回新安江水库，两位女画家鲍莺、万芾与她们的前辈的处理就完全不同。鲍莺画的新安江水库，画面近景主体是簇拥的花草，新安江水库则作为远远的、朦胧的背景，让我们联想到时间年月的更迭。而万芾则在三分之二的画面上，突出描绘了 10 只竞飞的白鹭，而将山峦环抱中的新安江水库做了虚化的处理，颇具江南特有的诗意。

扫码观看《现当代美术视觉图像中的"江南水乡"》视频内容

第九讲

江南的电影

时间：2022 年 1 月 7 日　19:00—20:30
嘉宾：任仲伦　胡雪桦
地点：上海博物馆学术报告厅

江南文化：上海电影的重要根脉

/　任仲伦

　　任仲伦，男，上海电影家协会主席、中国电影家协会副主席、上海文联副主席。曾任上海电影集团董事长、总裁、党委书记、上海电影制片厂厂长、上海作家协会副主席、中国作家协会全国委员会委员、教授。担任电影《攀登者》《盗墓笔记》《2046》《色戒》《三峡好人》《辛亥革命》《风声》《集结号》《大灌篮》《江湖儿女》《赵氏孤儿》，电视剧《亮剑》《彭德怀元帅》《心术》《爱情公寓》等出品人、制片人。出品影片两次获得威尼斯电影节最佳影片金狮奖、六次获得戛纳电影节重要奖项，以及中国电影华表奖、金鸡奖、百花奖、金马奖、金像奖和中央"五个一工程奖"等荣誉。担任电影《走出西柏坡》《可爱的中国》《攀登者》等编剧，获得上海市优秀文艺家，电影华表奖"优秀出品人奖""中国电视剧优秀出品人贡献奖""全国文化体制改革先进个人""中国文化产业年度人物奖""中国上市公司优秀董事长""上海市领军人才"，美国夏威夷电影节"杰出电影领袖奖"，美国亚太电影博览会"年度杰出人物奖"等荣誉。

新年伊始和大家聚在一起，聊聊江南文化和上海电影，我觉得这是一次很有意义的聚会和交流。

我今天想讲的一个主题是上海电影的历史、今天和未来。

上海电影实际上是江南电影的一个重要组成部分，或者说江南文化是上海电影的一个基本精神命脉。上海电影从它将近一百年的历史中，可以看到它对江南文化的影响，或者说受江南文化影响的很多方面。中国电影发源在北京，大约在1905年，北京拍摄了第一部电影，内容是京剧大师谭鑫培唱《定军山》中的几个唱段，由此诞生了中国的第一部电影《定军山》。中国电影的发祥地在上海，第一部电影短片、第一部电影长片、第一家电影公司、第一家电影院、第一本电影杂志、第一个电影学校等都齐刷刷地在上海诞生。所以讲，上海是中国电影的发祥地，一点不为过。

为什么中国电影发源在北京，最后发祥在上海？我觉得至少有几个原因。

第一，得益于上海率先拥抱世界工业文明成果。

上海开埠以后，上海人在吐故纳新、兼容包容的过程中建立起自己的文化。无论是江南文化，还是海派文化，都有开埠以后第一代文化人的创造。我中学读的是徐汇中学，徐汇中学前身为徐汇公学，1850年建立，有"西学东渐第一校"之称，也是外来文化重要生长地。在这之前，这一带有徐家汇藏书楼等中国最早的外来文化机构。所以，上海开埠初始就是开放的，开放的本性成为孕育上海电影的土壤。

更重要的是，上海这座城市在中国所有城市里最早拥抱先进的工业文明成果，也就是机器文明。这个城市不是单一行业拥抱工业文明，而是整体地拥抱工业文明。因为有了机器文明，有了摄影机、放映机才有可能有电影。当时的上海除了电影以外，发达的报业和出版业都是借助了当时的工业文明。就像到了现在的科技时代，哪个城市能够率先整体拥抱这个时代最先进的文明成果，那将不仅在城市建设、经济建设，甚至在文化发展上，也会出现一个新的境界和新的局面。电影发祥在上海，最重要的原因就是这座城市率先地拥抱了世界工业文明成果——机器文明。

第二，得益于上海拥有稳定的、数量众多的市民。

电影这个行业和其他行业不一样。电影行业投入要有产出，投入产出的根本支撑是观众。离开了观众，这个投入就会受到很大的影响。改革开放初期，我们一部电影的成本是三十万元至五十万元，到了今天一部电影的常规成本是三五千万元，那些过亿、过十几亿元的投资也不少。所以，上海市民阶层的稳定，也是上海成为电影发祥地的重要支撑。人口数量也是上海电影发祥的重要原因，在1843年开埠的时候，上海人口数量甚至进不了全国前十位，其排名在北京、苏州、广州、武汉、杭州、成都、福州、西安、南京之下。开埠初期上海人口数量大概是20万，到1900年才超过100万，1915年超过了200万，1930年超过300万，成为中国特大城市、远东第二大城市，成为仅次于伦敦、纽约、东京、柏林的世界第五大城市。此外，当时看电影是一种生活时髦。一般的电影票价是5毛或3毛，大光明这样的影院最高票价也就是1元或2元，而当时普通职员收入是40元左右，看电影对职员和学生不是负担。当时电影的主要观众群是职员和学生，他们对上海电影作了有力的支撑。

第三，得益于上海工业、资本和人才的集聚。

在20世纪三四十年代，上海工厂数和工人数占到全国工厂数和工人数的一半以上，再加上外资进入量大，它占到全国引进外来资本的40%—50%。工业的发展、资本的集聚对电影行业来讲是很大的支撑。同时，最重要的是上海因为开放集聚了一大批新型的文化人，包括新兴的企业经营者、知识分子、海外留学归国的青年才俊等。其中有些人进入电影行业以后，既适应了电影这样新兴的艺术表达和形式，也支撑起电影行业的创作、制作和营销。在这样的背景之下，上海电影产业达到了一个高潮。所以，当时上海电影产业能在上海繁荣，并且持续占据半壁江山，这与城市的开放本性、经济金融的发展、市民阶层的稳定有相当大的关系。

在这个基础上，20世纪三四十年代上海电影迎来了第一次高潮。在这个高潮期间，出了很多优秀电影，出了很多优秀电影人，还出了中国第一代电影明星。虽然期间城市战乱不断，但是上海电影还保持着丰收的姿态，这就是上海电影了不得的地方，这是对上海电影、江南文化，乃至对中国电影、中国文化最大的贡献。其中，最大的贡献就是创作了一大批反映现实生活的优秀作品，无论是《渔光曲》还是《风云儿女》；无论是《马路天使》，还是《十字街头》；无论是《一江春水向东流》，还是《乌鸦与麻雀》等，都能代表上海电影的本性：关注现实、关注民众，表现了现实中老百姓的生与死、甜与苦、困境与困惑，以及在困境中崛起的坚忍不拔的生活态度，这就构成了上海电影很重要的精神命脉。上海电影不仅坚持现实主义，同时进行不懈的电影商业性的探索，由此诞生了一大批优秀的电影艺术家，撑起了电影产业的第一个高潮。这个时代的上海电影，与世界电影史上的重要流派"意大利现实主义"，有着同样重要甚至超出的艺术成就。出于这样的认识，我在主持上海电影集团工作的时候就提出建造上海电影博物馆。2013年博物馆建成以后，很多人问我：上海电影博物馆的镇馆之宝是什么？上海电影博物馆确实有很多镇馆之宝，但是，我在每一个场合都是一个标准的答案：上海电影博物馆的镇馆之宝就是上海电影人。

20世纪五六十年代上海电影进入了第二个高潮。在上海电影制片厂成立60周年和70周年的时候，很多党和国家领导和广大观众写来贺信，都有一个基本的表达：我们是看着上海电影长大的。实际上他们更多是看着1949年以后新中国时期的上海电影长大的。在新中国电影历史中，上海电影艺术家依然是中国电影的主力军，上海依然是中国电影的主战场，我们依然为中国电影做出卓有成效贡献。

确立上海电影20世纪五六十年代地位的有两个原因：

第一，一大批优秀电影人进入新中国电影行业，继续保持旺盛的创作力量。

前面我们已经说到三四十年代上海已经培育和锻造了一支电影创作中坚力量，这批力量依然是新中国电影很重要的力量。同时，还有一批来自解放区的革命文艺工作者进入新成立的上海电影制片厂。上影厂第一任厂长于伶，他本身就是一位革命家，是一位杰出的文化人。1949年11月16日上海电影制片厂宣告成立，这些新老的电影力量在新中国诞生的同年，就汇聚在上影厂这面新的旗帜下。《南征北战》《渡江侦察记》《家》《林则徐》《红色娘子军》《红日》等成为这个时期的重要作品。

第二，党和国家对电影、对文艺的高度重视，"制片厂制度"

确立了发展的稳定基础。

中华人民共和国成立初始就成立了国家电影局，上海和北京先后成立了国有电影制片厂，这也是上海电影继续繁荣的一种基本制度安排。在三四十年代上海前前后后有 200 多家中小电影公司，但是有规模、持续创作生产的电影公司不多。中华人民共和国成立后，制片厂制度的建立，就使上海电影有了一个扎实的基础，上影厂的建立，以及以后的上海美术电影制片厂、上海电影译制厂和上海科教电影制片厂的建立，都是重要的制度安排，因而也是上海电影赖以在新时期继续领衔的重要原因。其中有一点很重要，这些厂的当家人都是热爱电影、懂得电影的，甚至自己就是一个杰出的电影艺术家，如上影厂首任厂长于伶、美影厂的特伟和译制片厂的陈叙一等等。因为电影复杂的创作和制作过程，需要一些内行或懂行的领导者，美国好莱坞把他们称之为"靠山人物"。有了这样的靠山人物才可能按照艺术规律，按照制片规律，按照电影制片厂发展的规律去掌控。同时，在这一时期，上海人依然能保持看电影的生活习惯，所以相当长时间中，这座城市的电影观众人次始终保持在全国第一。

上海电影第三次高潮是在 20 世纪 80 年代，再次出现繁荣的新势头。80 年代上海电影依然保持着全国领先的态势。最典型的就是我们在改革开放初期的时候，一批电影艺术家率先用电影对中国改革开放作出积极响应。尤其是谢晋导演，他拍摄了《天云山传奇》《牧马人》《芙蓉镇》等影片，不仅塑造优秀的艺术形象，更加重要的是契应了当时思想解放和实事求是的要求，产生了极其重要的社会反响。2018年中央召开改革开放40周年纪念大会，谢晋导演被授予了"改革先锋"称号。此时他已经离开我们十年了。我当时在人民大会堂现场，大会报到谢晋导演名字的时候，屏幕上是一幅他拍摄《鸦片战争》的照片，表彰的关键词是：推进拨乱反正和思想解放。我感慨万千，记得他曾说，我这个人拍了很多电影，如果十年、二十年以后观众还记得我的影片，那我这一辈子就没有白活。十年以后观众不仅记住了他的影片，国家还以最高形式向包括谢晋导演在内的这些改革先锋致敬。这就是上海电影人杰出成就，也是上海电影的杰出贡献。在这一时期中，许多上海电影艺术家的创作智慧喷涌而出，《于无声处》《巴山夜雨》《喜盈门》《庐山恋》《城南旧事》《人鬼情》《开天辟地》《鸦片战争》《生死抉择》等影片，再创上海电影辉煌。

20世纪90年代中期开始，中国电影出现了一个萧条，这个萧条长达十几年。那时候最大标志就是看电影的人数遽降，"一部电影放两场，三个人看"是很正常的现象。三四线城市基本上没有了电影院，像上海这样的电影城市有很多电影院也不再放电影。这个持续萧条对上海电影来讲是一个深远的影响，对中国电影来讲也是一个深远的影响。我 2003 年担任上影集团总裁兼上影厂厂长，记得当时的数据，全国的电影票房只有 9 个亿，断断续续在放电影的银幕只有 3000 块，惨淡经营是当时上海电影的日常困境。

　　跨过新世纪以后，中国电影出现了改革，在改革过程中上海电影再次崛起。我主持上影集团近 18 个年头，历经了中国电影从最低谷逐渐向上向好的整个过程，也历经了上海电影历经苦难，发奋图强，通过创作一系列优秀影片，打造新型电影产业链，重新赢得大家的尊重，赢得中国电影新地位的整个过程。上海电影在这个过程中也取得了很多好成绩。一是上海影片创作再创辉煌，在国际上获得众多奖项。比如，2006 年和 2007 年上影第一出品的《三峡好人》和《色戒》连续两届获得威尼斯最佳影片"金狮奖"。还有上海出品的《高考 1977》《东京审判》《2046》《大灌篮》《辛亥革命》《风声》《盗墓笔记》《攀登者》等等，都获得了国内外重要奖项。这次讲座前，我刚刚从本届金鸡奖颁奖典礼上回来，上海获得终身成就奖和五项影片奖，成绩是可喜的。二是上海电影的产业发展和国际合作达到了新的高度。通过我们一代人的努力，2019 年，中国电影总票房达到了 642 亿，银幕数超过 8 万块，观众人次超过 19 亿，电影产量达到 1000 部以上。中国电影在建设电影强国背景下突飞猛进，上海电影开始呈现出全面开放，整体繁荣。比如，我所在的上影集团就成为国有电影企业首批上市公司，率先建立了全国最强的院线公司之一，10次被评为"全国文化企业30强"；并且与美国华纳公司合资建造中国第一家合资影院，最早引进IMAX影院，最早与美国环球公司合拍电影《木乃伊3》等等国际合作项目。同时，上海国际电影节成为与国际电影界最有影响力的交流交往平台，上海依然是全国城市票房最高的城市。特别可喜的是上海电影创作主体、制作主体日益增多，影响日益增强，人才日益集聚，呈现新的发展势头。2035年中国要建成电影强国，这是国家电影战略，我们相信上海电影会大有作为！

扫码观看《江南文化：上海电影的
重要根脉》视频内容

上海电影与江南文化

/ 胡雪桦

胡雪桦，男，著名导演、教授、上海交通大学博士生导师、国家文化基金专家评委、美国纽约 YI 剧院董事，创立上海戏剧学院电影电视学院。导演电影《上海王》《神奇》《喜马拉雅王子》《兰陵王》《夏威夷传奇》（科波拉监制）等；出演百老汇名著《蝴蝶君》获得 Po'kela 最佳男演员提名；受邀执导英文电影《夏威夷传奇》（Lani-Loa），成为第一位来自中国大陆的好莱坞华人导演。作为世博 2010 上海馆总导演、艺术总监，他创意下的 2010 世博上海馆被誉为"最令人震撼的感官经历"。由他导演创作的现代芭蕾舞剧"德加的钻石"在京沪公演获得好评，皮影剧《花木兰》获得第十八届"金火花"国际木偶艺术节大奖，京剧《霸王别姬》在纽约大都会博物馆连演14场演出售罄，京剧《新龙门客栈》被誉为"为现代京剧开辟了新的天地"，获得2016年"国家精神大奖"和2017东京电影节金鹤奖"电影艺术贡献奖"等荣誉。出版《胡说——导演札记》《远古·雪域·上海滩——胡雪桦"三王"电影剧作》等书籍。

上海浦　　　　　　下海铺

这个曾经叫做上海浦和下海浦的地方
Used to be called the "Upper and Lower Port"

电影《上海王》的第一句话

　　讲江南文化，这个题目非常大。实际上从上海来讲，它的文化来源，我觉得主要有两方面：一方面是江南文化，另外一方面就是外来文化。

　　我们知道文明是从水开始的，有了水，人们才能繁衍，才能发展，上海也一样。上海曾经有上海浦和下海浦。"浦"是什么意思？就是河浜。我后来拍的《上海王》电影中第一句话就是"上海，这个曾经叫上海浦和下海浦的地方……"水，在中华文化中是特别重要的一个概念，"上善若水"，水无形，水又有万形。水对人、对物都是离不开的，所以水生万物。水是我们江南文化很重要的一个因素。

　　江南文化很重要一点就是具有科学精神和探索精神，是敢为人先的革新精神，同时江南文化重教育、重文化。电影是什么？电影就是科学，就是技术。上海是电影的发祥地，上海城市精神和电影有一致性，有点像维也纳和音乐的关系。你在上海的弄堂里，在街道上，都能找到电影的感觉。当年为什么这么多人才聚集到上海来，和城市文明和工业发展有关系。为什么共产党成立在上海？因为上海有产业工人，有文化基础，所以电影能够在上

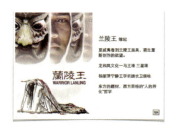

我和电影

海发展起来。上海电影就是中国的好莱坞，从电影《一江春水》《乌鸦与麻雀》《十字街头》等给我们今天电影人很好的营养，更重要的是有一批人，从导演、编剧、制片人、演员，这些都是璀璨明星。

　　回到我的电影。为什么我要拍《上海王》？因为作为一个上海导演，我一直觉得要为这座城市做点事情。拍上海，是因为我有一个情结，我觉得人们常常对上海文化有误解，认为上海文化就是小桥流水、旗袍、亭子间。其实上海是一个充满雄性气息的地方，上海可以有金戈铁马，也可以有铮铮男子，上海是一个英雄不问出处的地方。所以，我要拍上海。清末民初各方势力在上海角逐，有清朝政府，有外国列强，还有黑帮，所以《上海王》这部电影主要是对人性做了一个很重要的折射。这部电影在美国、日本、新加坡放映的时候很受欢迎。从整体来讲，这部戏我拍得很用心，从 2003 年买下剧本版权，到 2008 年剧本得金马

三星堆文物

奖创投剧本奖，用了五年时间。但我觉得剧本的最后一部分还不够好，又用了五年时间修改剧本，到2014年开拍整整用了十年。我认为好电影真的不是由票房决定，我相信十年能看的电影是好电影，二十年能看的电影是经典电影，三十年、四十年还能看的电影就是传世电影。电影人真的不能仅仅看票房。我的老师曾说，你们拍电影之前如果是奔着奖，奔着票房去，你已经离开了电影的初衷。拍电影就是要把你心里那句话讲出来，这个东西是推动你进行电影创作的原动力。历经千难万险，你都可以毫不畏惧、全然不顾、一往无前。所以，拍《上海王》我脑子里想的是要给上海、给这座城市留下一部好电影。

我要讲到下面一部戏《兰陵王》。2021年我们国家有一个重要的文物工程，也就是三星堆的再次开发，证明了中华文明是多源头的。《兰陵王》是我1995年拍的，十一年以后我到了三星堆博物馆，吓了一跳，因为我看到了三星堆的面具，跟"兰陵王"的面具几乎一样。可是1995年三星堆还没有对外公布。参观了三星堆博物馆后我明白了，因为三星堆的图腾是鸟，《兰陵王》的图腾也是鸟，这么一想就不奇怪了。我为什么要讲这个事？因为文化。我们中华文化除了黄土文化以外，还有百越文化、西戎文化、南蛮文化、北狄文化、东夷文化，其中除了北狄文化是以猛兽作为图腾，其他的图腾全部是鸟。《兰陵王》这部电影背景是鸟文化，而不是龙文化。我在夏威夷读大学的时候，在我老师办公室看到了一个面具，教授说，这是日本"能乐"兰陵王面具。我问，是中国的兰陵王？他说，对。没想到在异国他乡，看到了"兰陵王面具"。中国戏剧因为有了《兰陵王》和《踏摇娘》两个戏，才有了真正意义上的戏剧，那是在唐朝。可是，这个戏的文本在历史上消失，却在日本的"能乐"里完好地保存下来了。当时，我萌生了一个想法，要把这个戏重新开掘出来。我首先做了一个舞台剧，在美国演出时反响很好，为此还获得美国肯尼迪中心"特别荣誉奖"；后来，改编成了我的第一部电影《兰陵王》。这部电影在整个拍摄过程中得到了方方面面支持，我记得当时在审片时，上海电影制片厂老厂长吴贻弓说这部电影很有诗意。我说："您的《城南旧事》就是一部充满了诗意的电影，对我的创作有很大的影响。"艺术是一种传承，同时，也一定要发展，守本创新，艺术的本性就是创造，就是要面向未来。我现在在大学做老师，最重要的是要给学生画坐标，未来是什么样

《兰陵王》剧照

的？你要怎么做？方法是什么？这些优秀导演拍的作品让我们感受到了内在的力量，给我们潜移默化地影响，也是在给我们画出了美学的坐标。

《神奇》是 2013 年发行放映的电影，里面有很多世博建设的场景，是一部上海题材的电影。为什么要讲这部电影？世界上很多城市我都去过，但上海可以讲是一个管理、生活、文化等各方面都做得非常优秀的城市，今天的上海是全世界最好的城市。《神奇》就是想展现上海这座城市的现代风貌，这部电影应该是中国第一部元宇宙电影。元宇宙近期特别火爆，2021 年被定为元宇宙元年。"元宇宙"一词最早出自尼尔·史蒂文森（Neal Stephenson）创作的科幻小说《雪崩》（*Snow Crash*）发表于 1992 年。"元宇宙"其实就是讲人和虚拟世界的关系。《神奇》电影涉

《神奇》海报

电影《神奇》

3D film "Amazing"

· 澳门国际电影节最佳影片
· 中美电影节金天使奖

及了"元宇宙"概念探讨了人与"虚拟人"在元宇宙里的情感世界，这部电影的创作开始于 2010 年。

上海的精神就是包容和开放，我们大家要懂得珍惜这座城市。正所谓："上善若水，海纳百川"。

扫码观看《上海电影与江南文化》
视频内容

第十讲

江南文化与海派旗袍

时间：2022 年 1 月 21 日　19:00—20:30

嘉宾：刘　瑜　于　颖

媒体支持：澎湃新闻

相互成全的江南——从海派旗袍看江南文化

/ 刘 瑜

刘瑜，女，东华大学教授、博士、博士生导师，上海市教委"海派时尚设计与价值创造协同创新中心"主任、东华大学服装与艺术设计学院艺术学理论部主任、英国皇家艺术学院高级研究学者、服饰理论及文化研究者、海派旗袍专家，专著《中国旗袍文化史》获第十一届"上海市哲学社会科学优秀成果奖"一等奖。

我是来自东华大学的刘瑜，作为服饰研究学者，很多年我都在专注海派旗袍以及民国旗袍的研究，今天很荣幸能够受邀到"江南文化讲堂"来给大家分享这样一个关于江南文化与海派旗袍的话题。

我为什么想聊"相互成全"这个话题？现在特别时髦的一个词叫"内卷"，更时髦的说法把"内"字去掉，直接说"卷"。可能是这个"卷"或者"内卷"太热了，所以大家逐渐忘了它的反面。我们在想到"内卷"的时候，怎么就没有多想想，更多的时候大家在一起是相互帮助、相互成全的，而不仅仅是竞争、谁把谁比下去。所以就有了今天的主题，我想借海派旗袍来看江南文化的博大和宽容，从海派旗袍这样一个小的视角，去看江南文化是如何相互帮助、相互成全，形成了一个非常美好的江南文化。

我从两个方面讲，一个是江南文化浸润下的海派旗袍；一个是海派旗袍是如何借鉴融合，形成今天为世界所公认的一种东方美。

海派旗袍受江南文化的浸润，我想说这三点：

第一，江南有非常先进的产业。明以后江南出的茶、丝和瓷器是全世界的一级奢侈品，已经把欧洲从贵族到中产的审美观都改变了，在一段的历史时期内，"中国风"已经成为他们的主流时尚。

江宁织造　　　　　　　　苏州织造府沙盘　　　　　　康熙南巡图-苏州织造府

明清时期江南地区三大织造局

第二，江南有浓厚的人文气息，从明代"吴四家"到近现代海派艺术文化名人，都是非常具有人文艺术气质，且对中国历史与文化影响深远。

第三，江南有独特的手工技艺，因为江南有非常多的能工巧匠，明清的时候，江南就有江宁织造、苏州织造、杭州织造三大织造局，当时纺织技艺的最高水平全都在江南。

还有东方文化的美学和思想，它很含蓄、很理性，讲气质，而旗袍就是这样的。大家可以看一下民国的那些旗袍，有一种非常流畅的曲线和低调的美丽，这就是我们通常说的中国东方的特别美感。江南独特的艺术特性，比如秀、雅、细腻、温婉等，在江南文化浸润之下生长起来的海派旗袍，把这些气质都继承下来了，形成了我们今天所说的海派旗袍之韵味。一讲到民国、一讲到民国时候女性穿的海派旗袍款款而出的那样一种感觉，大家就会想到江南，就会想到这样一块土地，也会想到这个土地上独特的文化。我一直在强调"海派旗袍"优雅而不刻意的曲线展示，并不是后来在很多电影里看到的 20 世纪五六十年代的港派旗袍，或者说是被西方文化又经过一次改良之后的旗袍，那还是有点不一样的。

秀、雅、细腻、温婉——海派旗袍的艺术特性

　　旗袍的盘扣、绣花等细节，无不体现出中国传统的服饰工艺之美，这样的手工技艺精致、精美、惊喜，是江南工艺之传承。同时它还有灵活的时尚美，旗袍可以配大波浪的卷发，也可以配细高跟鞋，当然你也可以配缎面绣花鞋，形成一种又时尚又传统的形象，这是我们今天穿旗袍的时候比较少关注到。旗袍是中西融合、既传统又现代，在当时上海形成的一种独特美。

　　我们常常谈起那些穿旗袍的美女们，有没有想到过旗袍是谁做出来的？创造旗袍的人就是江南地区的能工巧匠，这些人不是上海人，在我们圈内会给他们一个名称，叫"奉帮"裁缝。这些都是来自奉化一带的，"奉帮"裁缝开创了中国服装业很多的第一，比如说第一套西装、第一套中山装、第一家西装店、第一本西服专著，包括第一所教你怎么做衣服的学校。"奉帮"裁缝是一个特别的群体，他们是民国时期奉化那一带做传统中装的能

海派旗袍独特的艺术美感：优雅的线条美、精致的细节美、灵活的时尚美

工巧匠，到了上海这样一个大码头之后，将中西融合，并学习了西方一些技术，跟自己原有的传统手工艺结合，创造了在上海这样一个大都市里面的既能保持传统，又可以跟主流时尚一致的服饰。旗袍也运用了中西结合的技术，这样的结合才让我们的海派旗袍更美，能有更多的人去穿，成为时尚和潮流，这就是改良。旗袍最初的款式是比较宽大的，在"奉帮"裁缝技术改良下，到了三四十年代之后，呈现出更符合当时社会女性需求的廓形和外观，这种改变让旗袍成为日常服饰，也让海派旗袍从上海走向江南、走向全中国。旗袍不仅只是去隆重场合才穿，也不仅是当时的贵族小姐和太太们去参加舞会穿，在民国那几十年旗袍的流变当中，它是民国女性的第一日常女装，大家在任何时候都可以穿旗袍。

海派旗袍的借鉴和融合怎么产生的？在江南文化影响下，海派旗袍一步一步发展。旗袍之前，江南女性穿的是这样一种苏式

心灵手巧的江南手工匠人

1920s

1930s

旗袍的裁剪、缝制技术大规模改良，视觉形象和风格也发生很大变化

旗袍之前的江南女装——苏式袄裙

袄裙。在上海成为时尚中心之前，苏州才是当时全国的时尚中心，那个时候苏州有很多非常高超的手工艺匠人。苏式袄裙有大量装饰，非常精美，晚清时候，这种风格是非常流行的。但是精美的同时，又会比较厚重、繁复，不能够满足当时女性已经开始从家庭走向社会的需求。

海派旗袍当时借鉴了苏式女装当中非常多的东西，比如说精致的工艺、绣花等，但是它又做了一些减法。大家可以观察到，从袄裙变成了袍服，穿衣服更便捷了。20世纪20年代上海的女学生第一次穿起了旗袍，这是中国女性服饰的一场革命。但这又不仅仅是服饰的一场革命，穿衣服这件事从来不仅仅是打扮自己而已，而是你从内到外的想法、观念变了，所谓外在形象的变化一定是你的内在想法变了，所以从想到去变。因此，它不仅仅是一种服饰的现代化革命，更是观念和思想的一场革命。

海派旗袍

江南袄裙

再举个例子，我们常常讲苏式和海派，这两个服饰区别在哪里？比如海派基本所有的图案都是印花的，而苏式基本都是绣花的，今天大家也知道中国的几大绣，苏绣是很有名的，很精美、很精致，但是海派旗袍当时大量使用印花，不是完全摒弃，但是不再使用那么多绣花了。为什么当时都使用印花呢？除了便宜以外，还因为人力、物力、财力都可以大大减少，但是它仍然好看，在视觉、色彩上是不输给绣花的，但在奢侈程度方面，它是做减法的。大家有没有想到，时尚是要追逐的，追逐时尚是要付出成本的。当一种时尚追逐的成本要付出很大代价的时候，这个时尚就很难推广下去。绣花一旦变成了印花，做衣服的成本降低了，穿衣服的成本降低了，洗衣服的成本也降低了，不就是赶时髦的成本降低了吗？成本降低之后，让旗袍变成为日常服饰，更多年轻人喜欢，更多都市女青年喜欢，追逐它的人越来越多。所以后来有一种说法，苏式势微、海派起来，不是说苏式不好，我们不争论谁好谁坏，而是说明在当时哪一个更合适。

海派的印花 　　　　　　　　　　　　　　苏式的绣花

　　海派旗袍是在江南文化土壤当中滋生的，但它又跨出了一步，在精致细腻的江南文化当中，又引入了现代化的文化。海派旗袍在今天肯定不只是说它是上海的，它也不是江南的，它是全中国的。无论是大品牌，还是小众品牌，中国的旗袍都用西方人能够听得懂、看得明白的方式，给了设计师灵感、给了消费者美感，全世界的人都试图去了解这种文化，因为它很独特又很美。我们常常讲中国有那么多好故事，但是要如何让大家正面地接受呢？海派旗袍本身的服饰和文化语言，就是让大家觉得特别好认识，这个也是它能够迅速地成为中国文化代表符号的原因之一。

　　这里我想给大家修正一下大家心目当中海派旗袍的样子，当代电影、电视剧上演绎的旗袍，虽然很美，但只是一面，也就是形象风格比较单一片面。这里，我把上海《良友》画报在20世纪40年代穿旗袍女性的样子给大家看一下，并不如你想象中的婀娜、艳丽，但是那就是当时真实的上海女性、江南女性乃至中国女性穿旗袍的样子，真的很现代，很轻松，朴素之中蕴含浓浓的自信，这就是现代女性该有的样子，也是当时中国女性呈现的样子。

20世纪40年代上海画报杂志《良友》封面

今天题目叫"从海派旗袍看江南文化",在江南地区诞生的海派旗袍受到了很多方面影响,才能成为中国文化代表之一,所以我觉得这是一种相互帮助、相互成全,最终有了最美的江南。这就是我今天给大家分享的内容。

扫码观看《相互成全的江南——
海派旗袍看江南文化》视频内容

海派旗袍中的摩登韵味

/ 于 颖

　　于颖，女，上海博物馆研究馆员、博士，毕业于东华大学服装与艺术设计学院。2013年大英博物馆访问学者。研究方向为古代染织绣服饰工艺，主持国家社科基金项目《丝绸之路出土缂织物调查、整理和工艺交流研究》课题。著有《江南染织绣》，并参与《顾绣》《中国纺织通史》《近代中国女装实录》等六书编著；发表论文《新疆鄯善耶特克孜玛扎墓地出土元代光腰线袍研究》《黼论》《宋代缂丝工艺考辨——兼论馆藏〈莲塘乳鸭图〉缂丝画工艺特征》《Gu's Embroidery》《The Woolen Skirt with Tapestry Band from Sampula, Xinjiang, China》《美人踏上歌舞来：上海博物馆藏丝绸之路艺毯》等20余篇。

　　讲到这个题目我非常感慨，仿佛时光又回到了我的研究生时代，因为那个时候我对旗袍是非常痴迷的，当时研究的课题内容就是海派旗袍。同时我也在协助母校（东华大学筹备）上海纺织服饰博物馆，经手了几百件的旗袍。在量取每件旗袍的尺寸时，自然而然地想象着当时的民国女子。再次重启这个内容时，我希望能解答这三个问题：

　　民国旗袍何以被誉为一种时髦的服装？

　　民国旗袍怎样风行于上海摩登时代？

　　民国旗袍如何变成一款国潮爆款？

　　现在经常提到国潮爆款，其实民国的旗袍就是当时名副其实的国潮爆款。引领旗袍成为爆款的，一定是海派旗袍。那么，海派旗袍在当时是怎样诞生的？这个问题目前学术界没有定论，我的认识是跟随着导师包铭新教授等专家的脚步，慢慢形成的一种认同感。后来，我也接触到了一些海外学者研究旗袍的论著，他们把旗袍称为"长衫"。长衫的概念又是如何来理解呢？如果在没有任何概念的时候，我们看到旗袍的话，我们第一个感觉是什么呢？会觉得这是一种礼服样式的长裙。所以说这款衣服到底叫什么，其实学术界在概念上面没有特别明确，所以具备了一个研究讨论的空间。

　　在整理东华大学上海纺织服饰博物馆藏品的时候，我看到一件大红缎地五彩绣八团鹤大襟女袍时，受到了强烈的视觉冲击。它整体上是晚清时期的一款女子正装袍服。然而，它宽口大袖区别于一般清代女袍的窄袖，袖口形态有点像一个巨大的马蹄袖口，非常特别。在上海博物馆做研究之后我慢慢了解到，还有一种类似的清代女服名为氅衣，两侧开长衩，里面搭配衬衣，在正式场合穿着。我们可以看到氅衣和衬衣的款式都有一点像初期的旗袍样式。相对于我们认知的旗袍相比而言，袖口收窄而袍体也是更为贴身。这也是旗袍起源于旗人之袍一说的缘由。

再看晚清汉女上衣也是衣长渐长，长到膝盖也就有旗袍的影子了。民国时，汉女上衣有了新的变化，比如上海纺织服饰博物馆藏黄素缎波浪边女夹上衣，可以看到一个吸收西方服装设计或装饰元素的过程。当时的女学生已经开始从上衣下裙中用了西洋设计，典型的是像喇叭口一样的袖子，加上波浪边等装饰边，相对晚清繁复的镶滚边更为简洁，还有蕾丝花边这样浪漫的装饰，都是当时的一种潮流。除了半腰裙之外，这些衣服下面也可以直接配裤子。后来上衣下裙的女服持续受西方影响，正如包铭新教授所言，当时的女性受到西方 "one-piece dress" 的影响，创新出一种倒大袖的袍裙。另一种有趣的过渡款式样，也非常新奇，它并不是一件里面的倒大袖上衣，外面套一件长背心的套装而是一体的倒大袖连身裙。清代长坎肩套在衬衣外的这种两件套穿，在晚清的时候依然存在。而这件民国背心式样的袍裙是一体裁剪的，类似于假背心，可以说是只具备两件套穿的形式概念，本质上已经是西化的一个融合款式。20 世纪 20 年代，倒大袖旗袍是真正意义上民国旗袍兴起时的款样。就像刚开始讲起的第一件晚清大红缎地五彩绣八团鹤大襟女袍一样的惊艳的感觉，那是一种异曲同工的融合款式。这个时候穿搭法还是能看到旗袍的端庄感，显然是新样式的袍服或者新样式的长衫。它长度到差不多盖住了脚背，穿上显得既传统又出奇。旗袍里面配以丝袜加短裤，再配上高跟皮鞋，加上比较新奇的发式，使人从头到脚的新颖别致感更为突出。所以说"时髦"这个流行词从字面上也能体会到发式的变化是最能让人有眼前一亮的感觉。

当时女子穿配旗袍的服饰装扮是首先流行于女学生。学生最容易接受新知识、新观念，因此从女学生里面流行起来是非常自然的事情。新锐女子有先进思想，她们剪短头发、穿皮鞋，迅速舍弃了裙子内穿裤子的着装礼仪。旗袍这个时候开始不搭配裤子，而是用全新的丝袜来替代。旗袍面料上面已经没有了中国常见的那种花卉、吉祥物的装饰，而采用写意的、设计感强烈的图案。不少时髦的女子身穿立领旗袍，穿搭丝袜配皮鞋，面料上抽象的几何花卉纹令人眼前一亮。20 世纪 20 年代流行的倒大袖旗袍面料，如今来看还依然很洋气。

旗袍是什么时候奠定这样一个国潮爆款地位的？在 20 世纪 30 年代，它成为一种经典流行时装。虽然是日常穿用，但它走在时代的前沿，随着潮流发生变化。

首先讲一下廓形，主流是 H 形、A 形。H 形就是相对来说对腰身不是很讲究。后来随着新兴的人体美的概念，即健康、成熟代替了晚清时期的娇弱扶风的审美，后发展为健康、开放、活泼形象。后来 A 形，甚至 X 形很快被接受了，这个过程是一个大趋势的发展过程。

20 世纪三四十年代的旗袍中有一款无袖或者是短袖的旗袍特别有意思。在民国老电影《太太万岁》中，就有冬季时髦的女子穿短袖旗袍的时尚之风，而外面搭配厚实的裘皮大衣。这种穿搭改变我对短袖旗袍穿用季节范围的认知。女子到正式的社交地点之后，她会以一种高洁、优雅的姿态把外套寄存之后参加宴会，开始社交活动。她里面穿搭的往往是夹棉绒或者毛呢的短袖旗袍。这正也表明当时女性已经专门有定制服装来参加重要的社交活动。她们不再只是在家里面待着，而是走出厅堂。

旗袍领子由高至低的发展是一个大的趋势，越来越让人可以比较自在的转动脖子。所以说旗袍发展的趋势也是服用功能性提升、舒适度增加为方向的。另一方面，也说明女性对身体的爱护也提升了。她们不一定只注重外观美，更关注到了自身的健康。

旗袍总的感觉是女性愿意把自己美的那一面，包括一些脖子、手臂、腿等能表达美的部分渐渐展露出来，提高她的自信和实现她个人价值的平权过程。

领子接着衣襟的设计逐渐优化。晚清袍服里襟有半片，对于宽体袍而言，半片里襟可起到保暖作用。因为当时女性胸部要隐在衣服里面，形成一种含蓄的美。而民国旗袍发展成修身款式，所以如果有半片里襟在里面的话，显然既不合当时审美，也穿着不舒服。自然而然，旗袍裁缝就会把里襟慢慢挖去，尽可能变小。这也是对身材的曲线美感的追求过程中形成的一个改变。

什么时候旗袍有腰身了呢？它是从无到有的一个过程。当旗袍逐渐贴体之后，自然而然的腰线出来了。之前从20世纪20年代时倒大袖旗袍开始都是梯形，不突出腰身，而在30年代开始逐渐看到明显有收腰了，出现了侧腰省。裁缝吸收了西方的裁剪工艺，将旗袍剪裁得更加立体。40年代的旗袍就更突出了收腰设计，除了侧腰省，还出现了前后腰省。

侧衩与下摆是流行变化最快的一个局部设计。当时还发生了一件很有趣的事，民国时期呼吁女子恢复"天足、天乳"后，裸腿也开始流行。当时北平市长袁良对这个现象很不满意，他公开说裸腿不好。于是，在女学生中极具影响力的《玲珑》期刊，发表文章回应他，"如果看见女子肉体外露，便会引起邪念，那么

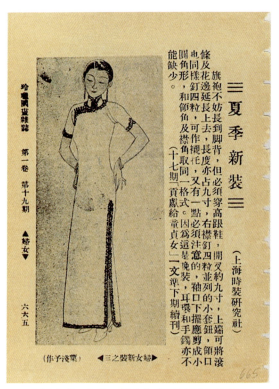

三　夏季新裝　三　（上海時裝研究社）

旗袍不妨長到脚背，但必須穿高跟鞋，開叉約九寸的小，上端可將領滾成小口，袖口下擺應剪，耳環和手鐲亦不小同，圍角形能缺少。條及花邊延長上去，亦占有一點，因必須注意的並列的四粒鈕可作褪托，又取同一格式。因爲這是晚裝，四粒角及襟角取同一格式。（十七期貢獻給童貞女一文淬下期續刊）

《玲珑》第一卷第 19 期中的《夏季新裝》款式图

除非把女子面孔双手，所有的部位全部包上，那才不会有问题，不然只把双腿包了是没有用的。"这股风潮后来平息了，随之而来的是女子露腿成为一种社会许可。

　　《玲珑》周刊于 1931 年 3 月在上海创刊，1937 年停刊。《玲珑》发行期间，正是 30 年代旗袍风行的高峰期。《玲珑》第一卷第 19 期中有旗袍的夏季新装，在此"旗袍"这个词被书面化提及。文中描述"旗袍不妨长到脚背，但必须穿高跟鞋"，图中也可见长摆配高衩。从这里面我们可以看到穿旗袍的形象和搭配已经由民国女子自己定义。一些名人明星也开始穿旗袍，特殊的绣花工艺、进口面料竞相择取，从而可以看到它的趋势变化。

旗袍的面料时髦、洋气而富于变化。与现代的设计师一样，当时引领时尚旗袍的设计也会从面料来寻找灵感，进行突破和创新。时髦，常是传统和新锐之间的调和。洋气，是与世界流行趋同。面料变化是不断推陈出新，比如上海纺织服饰博物馆藏一款"喜上眉梢"主题的蓝地花鸟纹织锦缎旗袍的织锦面料虽然延续了传统设计元素，但是它已经有新的气息，并不是传统的清代纹样，有更新的艺术融合进去了；还有所藏的一件浅红绸手工装饰花卉旗袍的面料是进口的渐变色蕾丝花卉纹面料，纹样也同样带有西方设计感，如今看来都不落伍。蕾丝当时也是世界流行的高档面料，穿着时里面会有优雅的衬裙来衬出半透不透的穿着效果，从而更好表现出纹样。蕾丝也具有一定的弹性，自如贴体地凸显自然的身体曲线；还有一种特别的绣花，用当时流行的丝袜面料染色做成丝袜花，配上画染的几何设计叶子纹样，洋气而时尚。再比如印花纱旗袍，多设计用于轻、薄、透的旗袍，不仅更舒适，还能体现曼妙的身材，若隐若现的美感，既含蓄又健康。

旗袍的搭配变化多样也是旗袍在日常生活中展现魅力的一个特点。比如说旗袍可以跟很多服装搭配使用，春夏秋冬都可以实现，比如马甲、西式大衣、裘皮大衣、短大衣、针织衫、西式西装等。其中硬朗线条的服装跟婉约的旗袍进行搭配也很和谐，非

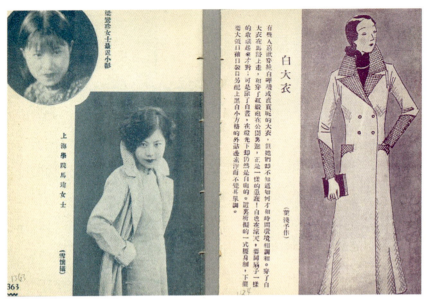

图中文字：

梁鸞珍女士最近小影

上海學院馬瑞女士

（雪懷攝）

白大衣

（婴澄予作）

有些人喜歡穿純白哔嘰或直貢呢的大衣，但她們却不知道如何才相時間環境相調和。穿了白大衣在馬路上走，和穿了紅緞袍在公開奧逛，正是一樣的蠢蠢！白色在涼天，在燈光下却仍然是自由的。避免所攝的一式緊身綢，下攤的收腰起束才對，可是除了白晝，蜜大領口裡口袋口易配上黑白小方格的外袍逶素淨而不覺其單調。

363

《玲珑》周刊中旗袍搭配西式大衣

常特别。我们可以从《玲珑》的期刊里面找到这些具体的形象，比如图中很干练的西式长大衣，是男性化的，可以衬托一种干练形象，而里面搭配一件很温婉的，象征着女性的旗袍，形成一种可刚可柔的气质，这个时候我们可以看到女性的形象发生了一些根本性的变化。

穿着旗袍的时尚领袖从女学生开始到名媛、明星，托起了民国时期的服饰国潮。女学生接受新的思潮，憧憬文明家庭生活。名媛等高知群体的女性，她们对于这些服饰也逐渐支持。后来一直到女明星闪亮出场，引导时尚潮流奔向大流行。当时炙手可热的一线当红女星胡蝶对于旗袍形象的推广也是非常有影响力的。

最后我想举《玲珑》这个例子来谈谈旗袍的内在。当时有很多女子刊物，为什么选《玲珑》呢？因为第一它诞生在上海，第二它在内容上非常精彩，影响了几乎整个年轻的高知女性群体。

穿旗袍的女学生

《玲珑》周刊中穿旗袍的女明星胡蝶

如果现在上海办一个期刊，走时尚路线的话，不妨研究一下《玲珑》，一共 298 期，我都浏览了一遍，更新了不少认知。当时女子的思想深度以及勇于创新的精神，都有重要的时代意义。这个期刊促销的方法如今看，仍颇为新颖实用，能让普通的大众很快接受和喜欢，包括发行一些面料小样、图册等，还有非常潮的个性活动，比如明星投票大选举排行榜，还有期刊会付费获取世界时尚信息，甚至还有读者互动的主题活动，比如时髦的发型怎么搭配旗袍，大家喜欢的好莱坞明星的发型，以及上海妇女们对于这些好莱坞明星的改良版作为对比出版，非常有新意，具备引领潮流的强影响力。

我们再看一下"摩登"，摩登是什么概念呢？摩登是现代吗？摩登是现代，但是民国人怎么看呢？"摩登"这两个字毋庸置疑是翻译自 Modern 这个英文词。然而民国翻译者的文化功底非常深厚，用"摩登"本源故事来作内涵映射。"摩登"源于佛教故事中的摩登伽女。她身为一个低层次的女性，却爱上了佛陀的弟子，求而不得。经佛陀劝解，最后她通过努力修行，成了正果。从摩登词源文化内涵来说，或许是寓意卑微的女子，在获得知性之后突破原我，获得新生。

从 20 世纪 20 年代开始到 30 年代，摩登社会倡导的到底是什么，又赋予旗袍什么精神呢？我们可以看《玲珑》怎么讲。为

電影明星影片空前大選舉

正式揭曉

本刊聯合攝影畫報電聲日報舉行之電影片明星大選舉三月以來，承一萬五千以上之讀者擁護之熱誠，紛紛投票，實為同人所引為榮幸而感激者也。茲已實行總結束，中外男女明星各十名，及外國十大名片均已選出如下：

中國十大男女明星

（一）胡蝶　　一三五八二票
（二）阮玲玉　　一三四九〇票
（三）金燄　　一三一五七票
（四）陳燕燕　　一二五四七票
（五）王人美　　一二〇五〇票
（六）高占非　　一一九四五票
（七）黎灼灼　　一一八七五票
（八）陳玉梅　　一一四二七票
（九）鄭君里　　一〇九六三票
（十）黎莉莉　　九九六〇票

237　瓏

《玲瓏》周刊的明星投票排行榜

《玲瓏》周刊付費寄送新款衣樣和
征求流行信息等

《玲瓏》期刊中刊登的時髦發型中西對比

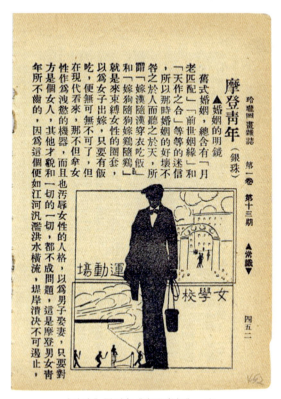

尽量避免误读和误导，回到旗袍诞生和鼎盛时期的流行期刊的文章中，或许能更真实地理解旗袍的摩登内涵。最初，《玲珑》将摩登赋予所有的青年，后来才对于女性提出更多的建议。第一，摩登体现在婚姻生活和文明社会，摩登青年的婚姻平等；第二，摩登新社会，男女都一样，男性有选择配偶权，女性也应有赋权；第三，摩登女性的时髦是外表，内在精神和人格是最重要的。

摩登被大家广泛接受之后，才提到了一个"现代"的概念。这个期刊虽然只存在七年时间，但对于建设文明家庭，它是有推动作用的。在外相的表现上并不仅是烫头发、穿个短裤长

《玲珑》周刊中《由摩登说到现代青年妇女》一文

袜、外面套个旗袍，包括配高跟鞋等就是摩登了，必须要有内在有趣的灵魂，才会真正的走进新生活，奔向摩登生活和文明家庭。

摩登女子的外表与实质的讨论，这些都赋予了这些穿着旗袍、追逐时尚女子的精神体验，她们逐渐不仅仅在乎拿到一个新款的面料，烫一个时髦的头发，她们更在乎的是开阔的眼界。可以说旗袍带领她们潜移默化地接受对新社会、新思想、新平等的意识的启蒙。当她们有这样的意识形态之后，穿着旗袍的她们是美的，有气质的，所以旗袍中摩登的内涵就是开放、独立、自尊和平等。旗袍也成为"时髦——摩登——现代"这一个阶梯进步

《玲珑》周刊中《摩登女子的外表与实质》一文

过程中的标识物。如今，我们对于旗袍的解读不能忽视其中非物质部分，包括传承传统工艺的变革，融汇中西艺术文化的过程，以及不断追求现代化过程中所推崇的坚持改革开放的精神转变。

扫码观看《海派旗袍中的摩登韵味》视频内容

主要参考文献

［1］ 李寓一：《近二十五年来中国南北各大都会之装饰》,《民国日报（广州）》（1924 年 7 月 29 日）。

［2］ 吴昊、卓伯棠：《都会摩登——月份牌：1910—1930s》，三联书店，1994 年。

［3］ 包铭新等：《中国旗袍》，上海文化出版社，1998 年。

［4］ 石磊：《近代上海服饰研究及上海市档案馆的相关资料》，《档案春秋》2001 年第 1 期，第 74—78 页。

［5］ 包铭新：《近代中国女装实录》、东华大学出版社，2004 年。

［6］ 吴昊：《都会云裳：细说中国妇女服饰与身体革命（1911—1935）》，香港三联，2006 年初版，2019 年再版。

［7］ 徐华龙：《上海服装文化史》，东方出版中心，2010 年。

［8］ 刘瑜：《中国旗袍文化史》，上海人民美术出版社，2011 年。

［9］ 卞向阳：《中国近现代海派服装史》东华大学出版社，2014 年。

［10］谢无量：《妇女修养谈》（清末民初文献丛刊），朝华出版社，2018 年。

［11］ 沈洁：《经纬芳华：百年振亚回顾》，文汇出版社，

2020 年。

［12］徐铮：《新品时样：20 世纪上半叶机器丝织品种和图案研究》，浙江大学出版社，2021 年。

［13］张信哲、张艺安：《民·潮：月份牌图像史》，上海人民美术出版社，2021 年。

图书在版编目(CIP)数据

何以江南:江南文化讲堂. 第 2 辑/上海博物馆,
上海市社会科学界联合会编. —上海:上海人民出版社,
2023
ISBN 978 - 7 - 208 - 18226 - 4

Ⅰ.①何… Ⅱ.①上… ②上… Ⅲ.①吴文化-文集
Ⅳ.①K295 - 53

中国国家版本馆 CIP 数据核字(2023)第 059021 号

责任编辑　王　蓓
封面设计　汪　昊

何以江南
　　——江南文化讲堂(第二辑)
上海博物馆　上海市社会科学界联合会 编

出　　版　上海人民出版社
　　　　　(201101　上海市闵行区号景路 159 弄 C 座)
发　　行　上海人民出版社发行中心
印　　刷　苏州工业园区美柯乐制版印务有限责任公司
开　　本　720×1000　1/16
印　　张　22.5
插　　页　4
字　　数　245,000
版　　次　2023 年 5 月第 1 版
印　　次　2023 年 5 月第 1 次印刷
ISBN 978 - 7 - 208 - 18226 - 4/G · 2148
定　　价　128.00 元